¡QUÉ BUENO QUE ME DIJISTE
lo qué no quería oír!

BARBARA JOHNSON

BETANIA

Un Sello de Editorial Caribe

© 1996 EDITORIAL CARIBE
Una división de Thomas Nelson
P.O. Box 141000
Nashville, TN 37214-1000, EE.UU.

Título del original en inglés:
I'm So Glad You Told Me
What I Didn't Wanna Hear
© 1996 por *Barbara Johnson*
Publicado por *Word Publishing*

Traductora: *Erma Ducasa*

ISBN: 0-88113-434-1

Impreso en EE.UU.
Printed in U.S.A.

1ª Impresión

Durante casi veinte años, una chispeante y
bella mujer de ojos oscuros ha sido la
principal encargada de brindar a nuestras
vidas gran gozo y verdadero deleite.

Por ese motivo, me da gusto dedicarle
este libro a ella: Shannon,
mi querida nuera a la que amo.

*Shannon y Barney Johnson con sus hijas Tiffany,
izquierda, y Kandee.*

Contenido

Reconocimientos

*S*i este libro te brinda una palabra de consuelo, un momento brillante a tu día, es por causa de las muchas personas que de manera tan amable han expresado sus palabras y sentimientos en estas páginas. Como desean ayudar a otros padres que sufren, más de cien de ellos me han permitido incluir porciones de sus cartas escritas a Ministerios Espátula.

Se han modificado nombres y detalles a fin de proteger identidades, pero las situaciones que describen y los sentimientos que expresan son muy reales. Cuando leas sus cartas, espero que comprendas que no estás solo con tu dolor. También espero que logres encontrar, mediante el ánimo de ellos, la fortaleza necesaria para seguir adelante, aunque sea momento a momento.

A fin de aportar un poco de alivio, una multitud de escritores y artistas talentosos también han aceptado prestar su chispa, palabras, ilustraciones y caricaturas para levantarte el ánimo y quitarte el dolor a martillazos. Les estoy agradecida por tener la disposición de ofrecer a otros sus dones.

Se han realizado diligentes esfuerzos con el fin de encontrar la procedencia de chistes, poemas, caricaturas y destructores de estrés que se incluyen en las páginas que siguen; si encuentras algún error en las atribuciones, por favor, notifica al editor por escrito para hacer las correcciones pertinentes en futuras publicaciones.

Un agradecimiento especial a Ashleigh Brilliant de Brilliant Enterprises, 117 W. Valerio St., Santa Bárbara, California 93101, por permitir que adaptase su Disparo #2313 para el título del libro y también por los demás Disparos esparcidos en todo el libro.

Agradecimientos especiales adicionales van dirigidos a:

John McPherson por permitir que incluyese cuatro de sus caricaturas maravillosamente alocadas en los capítulos 3 y 8.

Suzy Spafford de Suzy's Zoo [El zoológico de Suzy] por permitir que cuatro de sus deliciosas criaturitas visiten estas páginas.

Argus Communications por permitirme el uso de las palabras tomadas de una de sus láminas como título del capítulo 1 y también por permitirme la adaptación de dicha lámina a fin de usarla como ilustración en ese capítulo.

Mi amiga Charlene Baumbich y su casa editora, Servant Publications, por facilitar, en el capítulo 2, una anécdota tomada de su libro, *Mama Said There'd Be Days Like This But She Never Said Just How Many* [Mamá dijo que habría días como este pero nunca me aclaró cuántos].

A Rich Cook hijo, por permitir que incluyese en el capítulo 9 algunas de las letras de su alegre canción, «Buried Alive» [Enterrado vivo].

A RGA Publishing Group, Inc., por permitir que incluyese algunas anécdotas motivadoras obtenidas de los libros *Psyching Out Diabetes* [Victoria mental sobre la diabetes] y *Diabetes Type II and What to Do* [Diabetes tipo II, qué hacer].

A Marilyn Goss y Arts Uniq' por permitir la inclusión, en el capítulo 7, de la hermosa representación de Marilyn del Salmo 91.11.

A Roy Mathison por facilitarnos su caricatura «Smile Awhile» [Sonríe un rato] en el capítulo 7.

A Vicki Rush del *Pryor (Okla.) Herald* [Herald de Pryor, Oklahoma] por permitir el uso de la sabiduría de «Mr. Hooty» en los capítulos 3 y 8.

A King Features Syndicate por permitir que usase la caricatura «Ralph» de Wayne Stayskal en el capítulo 9.

A Jeremy Iggers y Longmeadow Press por permitir el uso de la graciosa «Answers Price List» [Lista de precios de respuestas], de *Off the Office Wall*.

A Jeffrey Cummings de Bethany Farms, Inc., St. Charles, Missouri, por permitir que incluyese el poema, «'Twas the

Night before Jesus Came» [Sucedió la noche antes de que viniese Jesús] en el capítulo 6.

A las personas amables de Recycled Paper Greetings por permitir que usase, en los capítulos 5 y 8, las ideas expresadas en dos de sus graciosas tarjetas de saludo.

A Robert D. Smith de First Image, Inc., por permitir el uso, en el capítulo 8, de «Fifty Famous Parental Sayings» [Cincuenta dichos famosos de padres] por el comediante Andy Andrews, autor del éxito de librería *Storms of Perfection* [Tormentas de perfección].

Al Dr. John Cocker y a la Stoddart Publishing Co., Ltd. por la caricatura «Strings of Your Heart» [Cuerdas de tu corazón] que aparece en el capítulo 5.

Al Tribune Media Services por permitirme el uso de las caricaturas «Buckets» y «Mother Goose and Grimm» en el capítulo 8.

A United Media Syndicate por la caricatura «Peanuts» que se incluye en el capítulo 5.

A Universal Press Syndicate por la caricatura «Calvin and Hobbes» del capítulo 7 y a Ziggy and Friends, Inc. por las tres caricaturas «Ziggy» de los capítulos 2, 7 y 9.

A Shirley Boozer por permitir el uso de las alentadoras palabras de su bisabuela, la difunta Pearl Waddell, en el poema, «I Wish My Friends Could Only Know» [Si tan solo mis amigos pudiesen saber] del capítulo 7.

A Anthony Westling y Portal Publications por porciones de la tarjeta de saludo titulada «All I Need to Know about Life I Learned from My Support Group» [Todo lo que necesito saber acerca de la vida lo aprendí en mi grupo de apoyo] que se incluye en el capítulo 7.

También me complace incluir en el capítulo 7 un poemita que se imprime con permiso de los editores y administradores de Amherst College tomado de *The Poems of Emily Dickinson* [Las poesías de Emily Dickinson], Thomas H. Johnson, ed., The Belknap Press of Harvard University Press, Cambridge, MA, copyright ©1951, 1955, 1979, 1983 por el presidente y asociados de Harvard College.

El poema de Helen Lowrie Marshall, «Answered Prayer» [Oración respondida] del capítulo 6 se usa con permiso de

Warren S. Marshall, gerente, Marshall Enterprises, Littleton, Colorado.

Las preguntas tontas a la columna de «Acción» impresas en el capítulo 5 se usan con permiso del *St. Petersburg (Florida) Times*.

Ahora tienen tristeza,
pero volveré a verlos
y se alegrarán,
y nadie les quitará su alegría.

JUAN 16.22, NVI

La verdad te librará...
pero antes te producirá desdicha

De todas las cosas que he perdido,
lo que más extraño es mi mente.

as madres parecen contar con un sexto sentido en lo que respecta a desastre inminente. Es como si tuviésemos un sistema de radar incluido conectado a un satélite invisible que gira constantemente sobre nuestras cabezas, buscando con ansiedad cualquier insinuación de dificultad. Si no es así, ¿por qué nos brotan con tanta facilidad las clásicas advertencias?

«¡Te vas a sacar un ojo con esa cosa!»

«¡Lo vas a lamentar!»

«Mejor que lleves un sándwich. Te va a dar hambre».

«¡Cálmate!»

«¡Apúrate!»

«¡No sabes en lo que te metes!»

Como venimos con este sistema de alarma precoz incluido, las madres, y a decir verdad, los padres también, a menudo presentimos cuándo nos van a caer encima malas noticias... noticias *verdaderamente* malas. Un padre escribió:

Cuando nuestro hijo dijo que venía a visitarnos para hablar de sus planes futuros, me asaltaron mis temores más celo-

samente guardados, mis preocupaciones por su sexualidad
y su compañero de cuarto actual que había sido su acompa-
ñante constante durante los últimos tres años[...]

La noche después que llegase a casa tuve que asistir a una
reunión en la iglesia y cuando regresé mi esposa ya estaba
acostada. Cuando me metí a la cama, empezó a llorar sin
control. Sabía lo que pasaba. Lo sabía...

Cuando finalmente se hacen realidad las malas noticias que
temimos, nos encontramos atrapados en un terrible dilema:
Por un lado, queremos conocer la verdad... por otro, pues a
veces preferiríamos que nos hiciesen cirugía sin anestesia antes que escuchar las noticias devastadoras que están a punto
de caernos encima:

«Mamá y papá, soy homosexual».

«Tengo SIDA».

«Soy un adicto».

«Lo siento mucho, Sr. y Sra. Smith, su hijo... ¡Lo siento
tanto...!»

Quedamos aturdidos por el shock, atontados por el dolor y,
sin embargo, sentimos cierto alivio por haber sobrevivido a lo
que presentíamos se venía, retrocedemos con paso tambaleante y pensamos: *¡Qué bueno que me dijiste lo que no quería oír!*

Al menos se ha terminado la espera. Ahora podemos pro-
gresar, sin impedimento, hacia el pánico total, ese punto que
siempre vislumbramos mientras nos decíamos...

> Un día se abrirán mis pimpollos de calma
> en flores de histeria total.

Los que hemos escuchado declaraciones que parten el corazón no podemos evitar reír al pensar en las cosas que *solían*
sacarnos de órbita:

«¿Te gusta mi cabello mamá? Es color "verde Napalm"».

«Saqué una F en inglés».

«Le hice una hendidura al parachoques».

«Perdí tu tarjeta de crédito».

«Quemé el pastel y destruí la cocina, pero el resto de la casa
sigue en pie».

«Me voy de casa».

«Me mudaré de nuevo a casa».

Cómo ganamos nuestras credenciales

Por malos que hayan parecido en su momento, esos anuncios previamente desastrosos ahora nos parecen bastante inocuos. Por supuesto que somos personas diferentes de las que solíamos ser en aquel entonces. Aquello fue cuando nuestras vidas parecían pacíficas y nuestras familias eran normales.

Ahora nos sentimos agradecidos si al menos logramos tener un momento de paz, aunque no nos hemos sentido normales desde hace mucho, muchísimo tiempo. En lugar de eso

¡No lo quiero saber!

Instrucciones:
Cuando se acerquen las malas noticias, saque a relucir este letrero.

estamos listos para la admisión en el Hogar para desorientados.

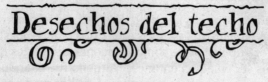

Desechos del techo

Querida Bárbara:

   Últimamente he sentido temores de estar posiblemente perdiendo la cordura. ¿Cómo puedo
saber si esto es lo que me está sucediendo?
                    Frenética en Fayetteville

Querida Frenética:

   Sabemos que una de cada cuatro personas de
este país está mentalmente desequilibrada. Así
que, sólo piensa en tus tres amigas más cercanas... Si parecen estar bien, ¡sabrás que eres la
elegida!

Hemos pasado por la exprimidora.

Hemos pasado por fuego (ese aroma que usamos es la
fragancia ahumada de un desastre inminente).

Hemos pasado por el túnel a rastras (algunos de nosotros
seguimos tanteando en la oscuridad).

Pero en las pruebas que hemos vivido, también ha sucedido
algo bueno: Dios nos ha dado una buena sintonía desarrollando en nosotros mayor compasión, mayor interés por otros,
mayor amor y mayor conciencia del dolor de otros. Cuando
me toca hablar ante grupos por todo el país, siempre me
agrada presentarme como alguien con «CREDENCIALES
PARA HABLAR A OTROS»... no simplemente como una mujer que se para allí arriba para ser graciosa y contar chistes. He
pasado por el valle, me he revolcado en el dolor y he estado en

el lugar donde muchas personas se encuentran en este momento. Sé por la correspondencia que recibo que existen muchos otros padres que tienen también estas credenciales:

> En septiembre de 1994 recibimos una carta de nuestro hijo donde nos declaraba que era homosexual. El dolor que sentimos sólo puede ser comprendido por otros que han estado en la misma situación y han recorrido la misma senda.
>
> Sólo tres años antes observamos cómo moría de cáncer nuestra hija menor. Pensé en ese entonces que nada podía doler tanto como eso. Pero he descubierto que sufrimos distintos tipos de sufrimientos que duelen más allá de lo descriptible. Tenemos paz al saber que nuestra hija está con Jesús y que ya nunca sufrirá dolor. Pero nuestro hijo homosexual... ¿qué sucede en su caso?

> En 1989 perdimos a nuestro querido hijo. Trabajaba para una cuadrilla de exploración petrolera de costa afuera cuando cayó al agua[...] No pudieron hallar su cuerpo. Nuestro otro hijo se fue de aquí después del memorial y no lo hemos visto desde entonces. Durante mucho tiempo se negó a hablarnos por teléfono. Nuestra última comunicación fue una postal donde nos decía que había dejado su trabajo, que se mudaría al oeste y que no nos enviaría la dirección de su domicilio. Eso sucedió un año atrás. Ha habido algo de especulación acerca de la posibilidad de que sea homosexual y que no desea que lo sepamos. Como su madre, ¡me digo que eso no puede ser! En 1991, nuestra hija sufrió horribles quemaduras en un incendio. Le siguen realizando cirugías cada seis meses. Mientras se encontraba en el hospital, el esposo de nuestra otra hija la abandonó y se fue con otra mujer después de veinte años de matrimonio[...]

Atención: ¡Se aproxima la risa!

Teniendo en cuenta el dolor que nos rodea a los padres «con

credenciales», debieras saber que hemos llorado ríos de lágrimas por las crisis que nos ha tocado enfrentar. Pero si eres un recién llegado a este grupo de élite, es posible que te sorprendas ante lo que oyes (o, tal vez debiera decir, *lees*) en estas páginas.

Vamos a pasar un tiempo agradable.

Vamos a reír.

¡Sí, *TÚ* reirás!

Sé lo que piensas: *Te has equivocado de número, hermana. Quizás esas otras personas encuentren de qué reír, pero todavía no has escuchado MI historia. ¡Será más fácil que caiga nieve en el verano antes que me vuelva a reír!*

Piensas que nadie tiene un problema como el tuyo.

Piensas que eres la única persona que ha permanecido insomne por las noches obnubilada por el dolor que te anuda el estómago. Piensas que ninguna otra se ha sentido como si un elefante estuviese sentado sobre su pecho. No puedes creer que otra persona haya tenido un felpudo invisible metido en su garganta. ¡Incluso es posible que pienses que eres la única persona que ha sufrido comezón de los dientes!

Desechos del techo

Hoy es el mañana por el que te preocupabas ayer... pero te quedaste corto.

Y, sobre todo, probablemente tengas la sensación de estar sola en esta prueba.

Te equivocas.

Todos los padres que sufrimos hemos luchado con ese elefante e incluso ahora, en ocasiones siento que ese felpudo me va subiendo por la garganta. Hace tiempo que no siento comezón de los dientes... ¡pero nunca olvidaré la sensación que me producía en aquel entonces! ¡Lo importante es SEGUIR RES-

PIRANDO... y SEGUIR CREYENDO! Hay esperanza para todos los padres que sufrimos, sin importar cuán hundidos estemos en el lodo.

Parte de mi propósito al escribir este libro es ayudarte a aprender a vivir con tu dolor cuando los finales felices no están a la vista y cuando las ansiedades a largo plazo parecen seguir por tiempo indefinido. Una de las formas que hago eso es contando «testimonios» de otros padres que han escuchado malas noticias... y han sobrevivido. Y para ayudarte a reducir el estrés que sientes al abrirte paso por el pozo ciego, te incluiré algunos de mis «destructores de estrés» al final de cada capítulo y varios «desechos del techo» esparcidos por las páginas para evitar que las cosas se vuelvan demasiado serias. Estos versitos son cosas que he encontrado o escuchado durante mis viajes por el país, o me han enviado las muchas personas que han aprendido, como yo, que la risa ayuda a aplastar el dolor. Me hicieron reír a *mí*. Espero que estas traviesas tonterías también te hagan reír.

Querida Bárbara:

Mis hijos adolescentes no aceptan nuestras reglas y me producen una frustración continua. ¿Qué puedo hacer?

Frustrada en Filadelfia

Estimada Frustrada:

El consejo más inteligente sobre la crianza de los hijos es disfrutarlos mientras aún estén a tu lado. Si fuese fácil la crianza de los hijos, ¡nunca se habría iniciado con algo que se llama TRABAJO DE PARTO!

A una madre de tres hijos conocidos por lo revoltosos que eran se le preguntó si volvería a tener hijos

si pudiese hacer todo de nuevo, y respondió:
«¡Sí, pero NO LOS MISMOS!»

La mayoría de las personas cambia de opinión muy
a menudo porque nunca encuentran una que valga
la pena conservar.[1]

¿Sabe usted quiénes son los únicos que *siempre*
están seguros acerca de la forma correcta
de criar a los niños?
Los que nunca han tenido hijos.[2]

Necesito que algunos de mis problemas
me ayuden a dejar de pensar en algunos de los otros.

Ashleigh Brilliant
Disparo #551 © 1974

Otro título destinado a ser éxito de librería:
Los niños son de Marte.
Los padres de Union City.[3]

Cuando Jesús dijo: «En el mundo tendréis aflicción»,
¡no bromeaba! (Véase Juan 16.33.)

Esta es una prueba.
Sólo es una prueba.
Si esta fuese su vida propiamente dicha,
se le darían instrucciones más adecuadas.[4]

Bienaventurados los que recortan cupones
de descuento, pues ellos serán redimidos.[8]

Cuando muera, deseo hacerlo de manera tranquila,
como le sucedió a mi abuelo, mientras dormía... ¡no
gritando, como los que lo acompañaban
en su automóvil!

MUJERES: Recuerden, al envejecer ya no nos
subirán los calores. ¡Ahora los llamamos
golpes de energía![9]

Porque no nos ha dado Dios espíritu de cobardía,
sino de poder, de amor y de dominio propio.[10]

2

He aprendido a aceptar el nacimiento y la muerte, ¡pero a veces me preocupa lo que está entre los dos!*

*Solía desorientarme en el traqueteo.
Ahora voy traqueteando
con los desorientados.*

*U*na de las cosas que más consuela a los padres que sufren es el hecho de descubrir que existen *cientos* de padres que han pasado por los mismos forcejeos dolorosos... y han sobrevivido. Esa es la idea principal tras este libro: ayudar a consolar a padres que sufren contándoles relatos de *otros* que están en la pista de baile de la vida, haciendo el «paso del padre desorientado». Según lo expresó una mujer:

> Bárbara, por favor, sigue dando a conocer las cartas de los que sufren dolor por causa de la alienación de sus hijos. No hay dos cartas iguales, pero cada una me habla cuando necesito apoyo. Y por favor, sigue mostrándonos

* Ashleigh Brilliant, Disparo #92, © 1968.

cómo reír en medio de la tribulación. Tu humor me ha ayudado a sobrellevar más de un período negro de dolor.

Otras madres escribieron:

Ayudas a consolarnos a nosotras, las mamás que sufrimos[...] ¡porque has pasado por el «fuego» y todas lo podemos percibir! Por favor, escribe otro libro que contenga muchas cartas de otras personas... ¡brindan tanto consuelo!

No sé por dónde empezar para decirte cuánta ayuda da saber que no te estás enloqueciendo y que hay otras personas que se enfrentan a los mismos problemas que tú y los están superando. La vida puede ser dolorosa, pero creo que la clave está en orar y desarrollar la capacidad para sobrellevar dificultades.

Siempre he creído que descubrimos quiénes somos en los tiempos grises y negros de nuestras vidas. La vida es un gran regalo y quiero participar plenamente de ella a pesar de que en ocasiones, cuando escucho noticias que hacen caer mi corazón hasta el estómago, desearía poder abandonarlo todo y gritar: ¡BASTA!

Así como Jesús, quiero decir: «Por favor, que pase de mí esta copa». Es una constante lucha, pero sí siento que estoy creciendo y por eso estoy agradecida.

Un regalo de amor de tus compañeros moradores de pozo

Este libro tiene como intención ser un regalo de amor de tus compañeros de lucha que se encuentran aquí en el pozo. Pero nunca olvides que tienes a Alguien que es mucho mejor que todos los padres con «credenciales» del mundo: ¡Tienes a Jesús! Él nos prometió: «He aquí yo estoy con vosotros todos los días, hasta el fin del mundo».[1] Y recuerda lo que proclamó el salmista: «Muchas son las aflicciones del justo, pero de todas ellas le librará Jehová».[2]

Jesús sabe lo que es sufrir; ¡Él sufrió por nosotros! También sabe lo que se siente cuando avanzada la noche uno tiene

Mejores son dos que uno... Porque si fallan, uno despegará
al otro del techo (adaptado de Eclesiastés 4.9-10).

tanto dolor que piensa que morirá. La noche antes de su
crucifixión, guió a sus discípulos hasta Getsemaní y les dijo:
«Mi alma está muy triste, hasta la muerte».[3] Y por cierto que
sabe lo que se siente cuando uno está totalmente solo, porque
esos mismos discípulos, sus amigos más íntimos y seguidores,
repentinamente desaparecieron cuando empezaron los tiempos malos.

Jesús sabe cómo te sientes (herido, asustado, solo) y Él
siempre está contigo para envolverte en su manto consolador
de amor. Pero quizás en este momento estés en tal estado de
shock que no puedas aceptar esa promesa.

A lo mejor eres semejante al niñito que temía a la oscuridad
y quería que su madre se quedase con él en su habitación a la
hora de dormir.

«Hijo, no comprendo por qué te atemoriza tanto la oscuridad. ¿Acaso no sabes que Dios está contigo?», preguntó la
mamá.

«Sí, lo sé», respondió el muchacho, «pero quiero a alguien que tenga la piel puesta».[4]

Si ahora mismo necesitas a «alguien que tenga la piel puesta», este libro va dirigido a ti. Tengo mucha piel... en realidad me sobra, a juzgar por mi apariencia. Pero siempre tengo presente esta importante regla de la vida:

**Únicamente eres viejo,
¡si tienes arrugas en el corazón!**

Mi corazón se ha retorcido tantas veces que con seguridad debe estar arrugado, pero me rejuvenezco constantemente con la risa que encuentro a mi alrededor. Espero poder darte un poco de ese gozo en las páginas de este libro, pero una de las cosas más importantes que debes comprender es que no escribo este libro sola. Es una recopilación de algunas de las *miles* de cartas que he recibido de padres como tú y yo: padres que sufren. Padres que se han incrustado contra el techo y necesitan que alguien los despegue amablemente con una espátula de amor y los encauce en el camino a la recuperación.

Una mujer que se incrustó contra el techo me escribió un día después de enterarse de la homosexualidad de su hijo. En su estado de shock, ni siquiera estaba segura de poder escribir la palabra «homosexual». Me dijo: «Bárbara, ni siquiera sé cómo se escribe... ¿será una clara señal de mi condición? Y no puedo pedir que mi secretaria escriba esto... ¡es demasiado personal!

Aprendamos a reír otra vez

Los padres que acaban de recibir un golpe casi siempre piensan que nunca más se recuperarán del trauma y, por cierto, que jamás tienen la esperanza de volver a reír. Pero poco a poco aprenden a ver el humor que los rodea. Una mujer ayudó a su amiga a volver a reír al regalarle una copia de uno de mis libros, *Mamá, ¡busca el martillo! ¡Hay una mosca en la cabeza de papá!*

Lo leyó[...] en el auto mientras ella y su esposo iban y

volvían del trabajo[...] Se reía con tanta fuerza que su esposo le preguntó: «¿Estás segura que este libro provino de una librería *cristiana*?»

Muchos padres que me escriben no han llegado todavía a este punto. Siguen incrustados en el techo... tanteando por el túnel... humeando en el fuego. Aunque resulta doloroso leer sus cartas, deseo que las leas para saber que no estás solo en tu angustia. Hasta es posible que descubras que hay padres que han pasado por cosas peores que las tuyas. Lo principal es que espero que puedas ver que existen muchos padres que han quedado tan devastados como tú... y siguen respirando. Y, por increíble que parezca, muchos de ellos *sí* han aprendido a reír otra vez.

En una época en que mi esposo y yo atravesábamos por algunas dificultades financieras, pasaba por un período de gran autocompasión cuando empecé a leer tus libros. No sólo me hicieron reír, sino que me produjeron una *inmensa gratitud* por todo lo que sí tengo. Con lentitud, pero con paso firme, estoy aprendiendo a entregar mis dificultades al Señor y soltarlas.

Otra escribió:

No puedo creer cuánto me han ayudado tus libros a darme cuenta de que verdaderamente hay gente a la que le ha tocado vivir con sus hijos cosas mucho peores de las que me tocaron a mí. Y que hay personas que sienten lo mismo que siento yo[...] La pérdida repentina de un hijo adulto, sin motivo aparente, es muy dura. Uno tiene tantas expectativas para ellos, y luego dan la espalda a todos los que los quieren y uno no sabe si siguen con vida o si están muertos... ¡eso es duro!

Las pruebas de Jobela

No estoy segura del porqué resulta curativo escuchar que otras personas soportan problemas más severos, y por cierto que no pretendo tener propiedades curativas. Pero he pasado por muchos sufrimientos durante los últimos veinte años. Y aún no he salido del pozo ciego. A decir verdad, cuando una mujer escuchó de mis luchas continuas, escribió:

Tú y Job
tienen tanto
en común
que de aquí
en más
¡Te llamarás
JOBELA!

Me encanta este apodo porque me recuerda todo lo que sufrió el pobre Job... y aun así permaneció firme en su fe, sabiendo que sobreviviría. Dijo: «Aunque Él me matare, en Él esperaré». Job sabía que sus dificultades un día acabarían. Sabía que en ese momento Dios llenaría «[su] boca de risa, y [sus] labios de júbilo».[5]

Al igual que Job, sé que mis problemas no serán eternos. Para recordarlo, a menudo cito esa frase maravillosa de la versión Reina Varela que me recuerda que mis dificultades no vinieron para PERMANECER. Una vez tras otra aparece la palabra «Aconteció» en pretérito indefinido.

Por supuesto que HAY excepciones a esta regla que establece que todo «viene para pasar», sobre todo el misterioso poder de permanencia de un fenómeno que ocurre mucho en chocolaterías:

¿CÓMO ES POSIBLE AUMENTAR UN KILOGRAMO POR COMER UN CUARTO DE CHOCOLATE?[6]

Cuando mi esposo, Bill, y yo pensamos que las cosas están en su peor momento posible, cuando finalmente hemos logrado llegar a puerto seguro, se presenta otro huracán. Es en ese momento que el felpudo empieza de nuevo a trepar hacia arriba por mi garganta. Una de las escritoras de cartas lo expresó bien al decir:

¡Socorro! ¡Necesitamos una espátula gigante! Mi esposo dice que se siente como uno de esos patos en movimiento en una galería de tiro al blanco. Nos levantamos de un salto, creyendo alegremente que lo peor ha pasado... y ¡pum!, nos vuelven a bajar de un tiro.

Esto también pasará

Fe firme... y necedad alocada

Las dos cosas que me ayudaron a superar todas las agonías que he debido afrontar fueron una fe en Dios hecha jirones, pero firme, y un alocado sentido del humor. En mis libros he contado a otros lo que he aprendido, y como resultado me he enterado de muchas cosas más a través de padres cuyas cartas inundan mi buzón (¡más de una tonelada al día!).

Mientras algunas de las cartas son gritos de angustia de padres que acaban de quedar aplastados contra el techo, muchas otras vienen de quienes finalmente han llegado al brocal del pozo ciego de la vida. Ahora encuentran calor al sol del amor de Dios, se ríen de nuevo y lo mejor de todo es que ansían llevarles una cuerda de salvación a otros que siguen girando en la ciénaga. Saben que:

> AMAR Y SER AMADO
> ES SENTIR EL SOL DE AMBOS LADOS.

He aquí lo que dijeron algunos de estos padres:

Bárbara: Sé que lo lograré. *Nosotros* lo lograremos. Entonces tal vez pueda ayudar a otro.

Desde que nuestro mundo quedó cabeza abajo cuando nuestra hija nos dio la noticia de que era lesbiana, Dios ha dado mucha sanidad[...] a partir de un mes después cuando milagrosamente puso en mis manos tu libro *Geranio*. Su sanidad ha continuado y al igual que tantas veces según lo que he leído de otros padres, ¡Él ha cambiado mi corazón y me ha dado una capacidad de amor que es milagrosa!

Después de leer las dos cartas de la mamá cuyo hijo acababa de anunciar que era homosexual, se me puso la piel de gallina. Mi esposo y yo, que pasamos por la misma experiencia, comprendemos perfectamente los temores que siente por el mañana. Me gustaría comunicarle este pensamiento:

Nunca dejes de confiar. Nunca dejes de tener esperanza. Dios es fiel y contestará tus oraciones en su tiempo. Sí, el camino será difícil y el túnel puede ser largo, ¡pero nunca olvides que no estás sola en ese túnel!

Miles han experimentado lo que ahora es nuevo para ti. Nos identificamos contigo y oraremos por ti, para que mediante esta experiencia tengas un entendimiento más profundo de quién es Dios. Nunca olvides que ÉL atraviesa este oscuro túnel junto a ti y que verterá por el camino su maravillosa luz de aliento. Eso será lo que marque una completa diferencia.

Cuando sufres, Él sufre. Dios prometió que nunca te desampararía y sus promesas son dignas de confianza.

Ahora han pasado cinco años desde que nuestro hijo nos anunció las mismas noticias que el tuyo[...] Me impactó tanto que lloré toda la noche[...] No dejaba de repetir: «Mi hijo no, mi hijo no», como si eso fuese a cambiar algo[...]

Este es el momento para no apoyarte en tu prudencia, sino en la sabiduría y compasión de nuestro maravilloso Dios y Padre.

A pesar de que la mayoría de los que me escriben son madres, una de las cartas más llenas de esperanza vino de un padre que años atrás escribió la carta que sigue. Cuando le pedí a este hombre permiso para publicar la carta aquí, dijo que él y su esposa volvieron a leer las palabras que había escrito tanto tiempo atrás. «Sorprendentemente», agregó, «siguen siendo verdad». Su carta es larga, lo sé, pero espero que lea cada palabra porque su mensaje ofrece esperanza y sugerencias prácticas para padres que acaban de incrustarse en el techo:

Han pasado cerca de dos años ahora desde que nuestro hijo de edad universitaria nos dijese que era homosexual. ¿Y sabes una cosa, Barbarita? ¡Todavía estamos aquí! Además, seguimos sonriendo y alabando a Dios. No, nuestro hijo no se ha «enderezado», pero estamos experimentando la paz de Dios. Él ha sido muy bondadoso con nosotros de tantas maneras a través del ministerio de Espátula, que nos sentimos obligados a contar a otros lo que hemos vivido y dónde estamos ahora; con la esperanza de que ofrezca algo de aliento para otros que transitarán la misma senda que hemos recorrido.

Mi esposa y yo caímos en la misma gama de emociones que experimentaste y describiste en tu libro[...] shock, incredulidad, «esto debe ser un error», «nosotros lo podemos arreglar» y esperanza. Sí, supongo que esa es la palabra que mejor describe nuestro estado actual: ESPERANZA. No esperanza de que él cambie, sino la que surge de una confianza en lo que siempre hemos experimentado en nuestras vidas cuando creíamos saber lo que más nos convenía[...] saber que Dios tiene un plan mejor.

Esta carta, más que una historia acerca de nuestro hijo es una historia sobre sus padres y cómo hemos «sobrevivido». Nuestra supervivencia tuvo varios aspectos, ninguno particularmente sobresaliente, ninguna cura milagrosa.

A pesar de que no hubo píldora alguna para tomar y arreglar el asunto, con seguridad Espátula estuvo en el centro de nuestro camino hacia la sanidad. No sólo Espátula de por sí, sino la inspiración que obtuvimos al sumergirnos en el amor de los que sentían y comprendían nuestro dolor. Esto nos brindó una oportunidad para volcar nuestros corazones en una atmósfera donde no nos sentíamos amenazados ni juzgados, sin temor a la crítica. ¡También recibimos de otros la seguridad de que *sí* sobreviviríamos!

Otro ladrillo en el camino hacia la recuperación fue cuando superamos la etapa de nuestra introspección y nos ocupamos de alcanzar a otros que sufrían. Estamos agradecidos porque Dios nos dio una experiencia que nos permitió identificarnos con las heridas profundas de otros. Cuando comenzamos a tocar a otros que sufrían, empezamos a sobrellevar nuestro propio dolor[...] y a la larga nuestro dolor comenzó a reducirse.

Es importante tener a alguien en el que uno pueda

confiar sus sentimientos más profundos, alguien con quien hablar, aparte de su grupo de apoyo. Tuvimos la bendición de que muchos de nuestros parientes inmediatos brindaron consuelo y comprensión ante esta situación, así que no tuvimos que vivir en secreto. Sin duda eso jugó un papel importante en la rapidez de nuestra recuperación. Eso no sugiere que todos hayan estado cómodos con el asunto de la homosexualidad, aunque unos pocos vitales sí lo estuvieron. ¡Qué bendición!

El siguiente paso importante fue dejar de concentrarnos en enderezar a nuestro hijo y reconocer que eso le correspondía a Dios. Él los arregla. Nosotros los amamos. Un aspecto de eso fue poder aceptar a nuestro hijo por quién era y dónde estaba, apartándonos de una posición que presumía que él era como era por causa de alguna considerada decisión propia. Esto no significa que nos hayamos gozado en sus circunstancias; más bien recordábamos que Dios nos amaba incondicionalmente y que Él desearía que eso sirviera de modelo de nuestro amor hacia nuestros hijos.

Esto constituyó un factor importante en la restauración de nuestra relación con él. Cuando se dio cuenta que no nos preocupaba enderezarlo, pudo bajar sus defensas y expresar libremente su amor hacia nosotros. También le permitió hablarnos libremente acerca de sus dolores y temores. (Es gracioso ver cómo nuestros estereotipos imaginan a una persona entregada por completo a la expresión sexual. En realidad los temores y dolores del homosexual casi siempre son los que nosotros mismos experimentamos. Sin embargo, sí creo que la carga de su homosexualidad incrementa su dolor en relación con lo que otros podrían experimentar.)

Otra revelación que tuvimos se nos presentó al pesar los consejos dados por personas bien intencionadas que nos decían que debíamos distanciarnos de nuestro hijo; la revelación que tuvimos fue la importancia de una saludable relación entre padre e hijo en la restauración del hijo y del padre (sí, ¡*ambos* necesitan restauración!). No existe una ocasión donde un hijo tenga mayor necesidad de amor y seguridad de sus padres que cuando se encuentra en la situación angustiante de enfrentarse a su homosexualidad. Basta tener un conocimiento informal del tema de la homosexualidad para ver la vulnerabilidad del homosexual al tema de las drogas y el suicidio. ¡Qué momento terrible para abandonar a su hijo cuando más lo necesita!

¿Cómo puedo dar fin a esta larga carta? Seguimos sufriendo dolor, pero es menos frecuente. Seguimos sintiendo temor, pero pocas veces. No somos ingenuos. Sabemos que más adelante habrá dolor. Pero la buena noticia es que Dios está en control (¿acaso no lo ha estado siempre?). Tenemos con nuestro hijo una relación más profunda y amorosa que antes. Tenemos nuevos amigos que nunca antes tuvimos, amigos que nos aman conociendo plenamente nuestras circunstancias. Conocemos la plenitud que proviene de identificarnos con otros y ayudarlos a superar un tiempo difícil. Aguardamos con expectativa el plan de Dios para nuestras vidas[...] y miramos hacia adelante para ver cómo tomará Dios este punto bajo de nuestras vidas para convertirlo en mayor bendición. Hemos progresado de «¿Por qué a mí, Señor?» a «¡Gracias, Señor!»

El costo de amar

Al leer las cartas de este libro, recuerda que los que escriben son personas «de carne y hueso». Son reales. Almas que viven y respiran, que saben lo que se siente cuando los actos de alguien que aman lo atormentan. Según escribió una mujer:

A veces me pregunto cómo es posible que duela tanto. Supongo que es el costo de amar. La frase de C.S. Lewis es muy cierta: «Ama cualquier cosa y tu corazón será exprimido y posiblemente roto».

Francamente, prefiero una «lección» más optimista que vi hace poco en uno de esos libritos de refranes:

Recoge todas las migas que te tire la vida. En poco tiempo tendrás una hermosa y gruesa rebanada de recuerdos.[7]

Casi todas las cartas que recibo vienen con firmas legibles y remitentes... ¡desde todo el mundo! Cuando he podido ubicar a los autores de las cartas, he solicitado y he recibido permiso para usar las que aparecen en este libro. Las únicas modificaciones son unas mínimas correcciones donde hagan falta y la alteración de detalles en las cartas a fin de proteger las identidades de hijos, hermanos, cónyuges o amigos.

Las emociones que leerá en estas cartas son poderosas. Hay mucho dolor en ellas, pero también humor. Una madre de un homosexual escribió:

> El día de ayer fue espantoso... me sentí olvidada, abandonada, engañada y mi salud está tan llena de píldoras, ¡que es un milagro que todavía pueda sentir antojo por una crema helada cubierta de chocolate caliente!

Otra amiga envió «un chistecito para su sección alentadora»:

> Ha escuchado del programa de doce pasos, pero, ¿alguna vez escuchó del programa de UN paso?
> «¡PAF! ¡Acaba con eso!»

Estas escritoras de cartas disfrutan al igual que yo de la promesa contenida en Proverbios 11.25 (Biblia de las Américas) que dice que el que riega a otros será también regado. Esto es lo que denomino REFRIGERIO BUMERÁN.

Teniendo esto en mente, deseo recordarte otra vez que vamos a pasar un buen rato en este libro. Créeme. Pero primero quiero que conozcas a algunas otras de las personas que están incrustadas en el techo junto contigo para que entiendas que no estás solas en los sentimientos que experimentas.

Uno de los primeros obstáculos que sienten los padres cuando llegan las malas noticias son una combinación de AISLAMIENTO y SHOCK. Si eso es lo que te está sucediendo, espero que leas estas cartas y sepas que no estás solo:

> Una de las cosas más difíciles de soportar cuando sucede esto es el aislamiento que se siente. El secreto y la vergüenza hacen que uno se sienta tan constreñido, tan restringido, tan solo[...]
> Un «hermano» ruso[...] a menudo contaba de una tortura usada en un campo de prisión. Recibe el nombre de «saco

de cemento». Es un cubículo de cemento que sólo tiene espacio suficiente para que una persona permanezca de pie en encierro solitario. En mi sensación de aislamiento con este dolor y la sensación de estar «sin salida», me puedo identificar.

Nuestra hija abandonó la universidad y se unió a una secta. ¡Casi enloquezco![...] Se alejó de la secta dos años más tarde, pero inmediatamente nos informó que era lesbiana. Los últimos años han sido una pesadilla viviente[...] No puedo hablar de esto con nadie[...]

Hemos sobrevivido al día más largo y difícil de nuestras vidas y estamos agotados por el esfuerzo[...] Al parecer, nuestro hijo ha estado lidiando con el asunto de su homosexualidad durante más de un año y ha decidido que así es él. Pudimos mantenernos bastante calmados, asegurarle de nuestro amor incondicional[...] Él dijo: «No voy a empezar a ponerme vestidos, ni marchar en desfiles, ni nada por el estilo. Soy la misma persona que siempre han conocido[...] sólo que ahora saben más acerca de mí».

Nos dijo que nos preparásemos para atravesar un período de pena. Él ya ha sufrido el suyo. Todos estuvimos de acuerdo en que fue sumamente difícil y que demostró su confianza en nosotros cuando nos dijo de esta parte de su vida. Juntos lloramos, nos abrazamos y nos reímos. Al separarnos seguíamos siendo amigos.

Pero ahora iniciamos nuestro viaje por el túnel[...] y parece que será largo.

Hace cuatro meses me enteré que mi hija es lesbiana. Como bien sabes, me golpeó como una bomba. Sí conozco la sensación que produce un corazón partido. Disfruté de tu libro y me fue de ayuda saber por lo que pasa otra madre. No me escondí en mi dormitorio para contar las rosas del empapelado como tú, pero lo que hice y sigo haciendo es llorar[...] Nunca dejaré de orar por mi hija y sé que Dios puede hacer todas las cosas[...] Creo que como madres deseamos arreglar las cosas y sabemos que no podemos arreglar esto.

Estas cartas me recuerdan ese pequeño axioma que dice:

> El secreto del éxito en el trato de un niño...
> es ¡NO ser su padre!

El distintivo de la angustia

Cuando los padres describen sus sentimientos de shock y de aislamiento, me recuerda lo devastada que quedé hace varios años cuando nuestro hijo nos dijo que era homosexual «o quizás bisexual». En esos días era tan ignorante que ni siquiera sabía lo que era «bisexual». Pensé que tal vez significaba tener relaciones sexuales dos veces al mes... ¡y en mi estado de aturdimiento me preguntaba por qué me diría ESO!

En aquel entonces no conocía a nadie que tuviese un hijo homosexual. Ahora, debido a nuestro ministerio, ¡casi no conozco a nadie que no lo tenga! Después que mi hijo me dijese que era homosexual, busqué con frenesí otra MADRE con la cual hablar... una madre que pudiese decirme cómo sobrellevar lo imposible. Hace poco una madre cuyos hijos mellizos murieron de SIDA describió la conexión de madre a madre de esta manera:

> Resulta extraño que cuando se siente tanto dolor que penetra en cada fibra del cuerpo, una se vuelve sorda y tonta. Digo tonta porque la mente no funciona. La angustia que se siente por el hijo es algo que sólo puede comprender una madre que ama a su hijo.

Otra mujer oró por otra mujer que nunca había conocido siquiera, pero sabía que seguramente estaría sufriendo también:

> Siempre bombardeo el trono de Dios para mantener a mi hijo a salvo del peligro y para alejarlo de su estilo de vida

destructivo. Mi oración nunca cambia. Siempre oro también por el «amigo» de mi hijo porque sé que tiene una madre cuyo corazón está partido igual que el mío.

Todavía estoy metida en el ropero porque no puedo decírselo a nadie[...]

Cuando apenas me enteré que mi hijo era homosexual, no podía encontrar a otra madre que hubiese sufrido el dolor que experimentaba. Al recordar esas sensaciones de pánico, me resulta fácil identificarme con los padres que nos escriben a los Ministerios Espátula clamando por ayuda. Quieren saber que ALGUIEN allá afuera se interesa por ellos. Muchos comparan las cicatrices de su dolor a los surcos de las cubiertas radiales:

Hemos descubierto por qué nuestra hija y su esposo se van a divorciar. Ella es lesbiana... o quizás bisexual, dice ella. Esta es una experiencia «Oh Dios mío», según dice Chuck Swindoll. Le pregunté dos veces si estaba segura, pero en lo profundo de mi ser lo sabía. Me asaltó la idea como una semana atrás y he tratado de enterrarla diciendo: «Ay, no, sólo es tu imaginación». Creo que Dios me ha estado preparando para este golpe. Pero no estoy lo suficientemente preparada. ¿Existe la posibilidad de que uno pueda alguna vez estar preparado para esta noticia?

Me ha chocado un camión. Estoy boca abajo sobre el asfalto. Lentamente levanto mi cabeza. Me duele cada hueso del cuerpo; mi cabeza late y mis coyunturas todavía sienten el peso de las ruedas dobles. Tengo conciencia de cada nervio de mi cuerpo, el hormigueo de mis mejillas, mi boca seca que da la sensación de tener metida una bola gigante de algodón, mi estómago anudado.

«¿Qué más podría suceder?», me pregunto. Al decidir que he estado acostada demasiado tiempo, levanto un poco la cabeza, lentamente, colocando las palmas de mis manos sobre el asfalto y recogiendo las rodillas hacia mí en un esfuerzo por levantarme. «Tienes que levantarte», me digo. «Debes seguir avanzando».

Después el conductor del camión me ve desde la distancia.

Pone marcha atrás, exigiendo al motor. Vuelve a pasar por encima de mí.

Así es como me siento[...] Me pregunto qué más podría suceder. Me surge un pensamiento tonto: «Supongo que mi esposo podría sufrir otro ataque cardíaco y morir».

El día siguiente me llama al trabajo. Está con dolores de pecho[...]

Al conducir el auto hasta el hospital recuerdo el día que, casi veinte años atrás, murió nuestro hijo. Me paré en el jardín de atrás de nuestra casa, las lágrimas surcaban mis mejillas, sacudí mi puño hacia Dios diciendo: «¿Por qué a mí?»

Y la respuesta se presentó, suave, silenciosamente: «Confía en mí».

Ayer perdí el diamante de mi anillo de compromiso que recibí hace treinta y un años. Mi calendario de ese día decía: «No hay nada que hoy no pueda suceder». Cuando lo vi, me brotaron las carcajadas. La pérdida del diamante por lo general me alteraría mucho, pero en este momento es verdaderamente insignificante. Todavía tengo el anillo de boda. Todavía tengo a mi esposo y a mis hijas[...]

Esta semana nos enteramos que nuestro hijo se ha declarado homosexual[...] Ambos estamos aturdidos y devastados[...] Su nacimiento fue, literalmente, una respuesta a la oración. Ha sido un cristiano comprometido y nunca ha recibido siquiera una multa de tránsito, nunca ha fumado ni bebido alcohol[...]

Ahora nos encontramos en el inicio de un viaje que no queremos hacer. Vemos a nuestro hijo tomar determinaciones que sólo podrán lastimarlo.

Estamos perdidos[...]

Hay muchos padres más que se sienten perdidos también. Podrían dejar tras sí una nota que dijese:[8]

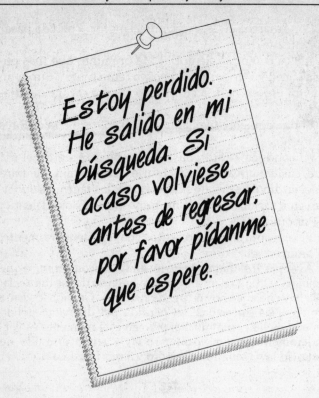

Estoy perdido. He salido en mi búsqueda. Si acaso volviese antes de regresar, por favor pídanme que espere.

Relámpagos

Aunque muchos padres perciben una insinuación de lo que ha de venir cuando están a punto de que las malas noticias lo inunden, para otros es como si les cayese un rayo repentino e inesperado. En la madrugada he recibido muchos llamados de emergencia de estos padres desesperados. Una madre atribulada me llamó desde un avión. Su hijo y la novia la llevaron hasta el aeropuerto, y al bajar del auto le dijo a su hijo: «Estoy muy contenta de que tengas una novia tan agradable».

Su hijo la miró y dijo: «Mamá, ya es hora de que te lo diga. Ella no es mi novia. A ella le interesan las muchachas y a mí los muchachos». ¡Y al decir eso puso sus maletas sobre la acera, la abrazó y se alejó en su automóvil! No estoy segura de cómo supo llamarme, pero lo hizo... ¡desde diez mil quinientos metros de altura! Le envié algunos de mis libros y materiales. Unos días después me volvió a llamar y me dijo que había mostrado el material a su jefe y este le pidió que «repitiese el pedido» para alguien de su familia que tiene un hijo homosexual.

No todos los padres que necesitan ayuda lidian con asuntos de homosexualidad. Créase o no, hay problemas que parecen tan devastadores para estas mamás y estos papás que sufren y no tienen nada que ver con SIDA ni con el hecho de ser homosexual:

Mi hijo vivió en su automóvil durante un año. Estuvo en la cárcel durante dos años y luego volvió a vivir conmigo temporalmente. A las cinco de la mañana el día de mi cumpleaños (dos días después de la muerte de mi padre y cuatro meses después de la muerte de mi madre), lo arrestaron de nuevo en mi casa[...]

Otra mujer de la costa oeste me llamó desde Miami, donde la policía la citó cuando asesinaron a su hijo. Trágicamente, cuando la policía dedujo cómo ponerse en contacto con ella al otro lado del país, ya habían enterrado a su hijo. Ella dijo: «Barbarita, lo único que pudimos hacer fue comprarle una lápida adecuada».

Me alegra decir que no todas las cartas son pedidos de ayuda. Muchas personas escriben para decir cuánto los ha ayudado saber que no están solas:

Cuando las personas sufren, sin importar por qué, necesitan saber que hay alguien que ha sufrido tanto como ellas y ha sobrevivido.

Otras escriben para confirmar el poder salvador del humor en tiempos de crisis. Según lo dijo una madre:

Reímos para sobrevivir.

La persona que escribió esta carta también ha aprendido la verdad contenida en la declaración de Carol Burnett:

Humor es tragedia más tiempo.[9]

Otros padres han escrito diciendo cuánta falta les hace

recibir aliento continuo de quienes comprenden de verdad lo que están soportando:

Nuestros maravillosos amigos de la iglesia nos demuestran amor y apoyo, y continuamente oran por nosotros y con nosotros en cuanto a nuestros hijos[...] Sin embargo, no entienden la profundidad de nuestro dolor de la misma manera que puede entenderlo un padre que ha estado en la misma situación. De allí nuestra necesidad de recibir aliento de tu ministerio.

Gracias por lo que me has contado[...] ¡¡¿¿No sería agradable por un día no tener que levantarse pensando en el asunto??!! Me es de ayuda saber que hay alguien que recorre el mismo sendero. Si tú puedes sobrevivir, ¡quizás yo también!

P.S. ¿Sabes lo que a veces me resulta más difícil? ¡Desprenderme de los sueños que teníamos para nuestros preciosos hijos!

Todavía estaría revolcándome en la autocompasión, pero gracias al ánimo recibido a través de tus libros y de escuchar a otros padres hablar de sus vivencias (¡por supuesto que pensábamos que estábamos solos!), nos podemos considerar sobrevivientes. Todavía hay lágrimas y mi corazón sufre por mi hijo, como bien sabes, pero lo he entregado junto con todo este asunto a Dios, y gracias a las herramientas que me has dado, nuestra familia podrá disfrutar este año de una feliz Navidad.

Hay veces que uno siente que es el único que tiene problemas familiares o que ha pasado por muertes trágicas de miembros de la familia. Después de leer algunas de las cartas de otras personas, uno se da cuenta que no es el único.

Supongo que una parte de lo que me brindó ayuda fue reconocer que hay muchas personas que tienen heridas peores o más severas que las mías, incluyéndote, Bárbara. Si tú puedes sonreír y superar el asunto, también puedo hacerlo yo. He vivido desdichada durante diez meses y es hora de que siga adelante con mi vida[...] Gracias por hacerme sonreír otra vez y por permitirme ver que la vida sí sigue adelante.

Hemos tenido muchas bendiciones a partir de que mi esposo me confesase sus devastadoras malas maniobras financieras. Cuando nos acostamos esa primera noche, ambos estábamos exhaustos. Sin embargo, no podía dormir. Sentí el impulso de levantarme de la cama y buscar una Biblia. Las páginas se abrieron en Eclesiastés 3: «Todo tiene su tiempo»[...] Devoré cada palabra de ese pasaje y me llenó en forma abrumadora una esperanza tal y sentí que la gracia de Dios me envolvía[...]

Había ira, dolor, preguntas (que nunca fueron respondidas), perplejidad, etc., *ad nauseum*. Supe que tenía una misión. Vender la casa, recuperar el control de nuestras finanzas, mantener en nuestros hijos un estado de ánimo positivo, conservar nuestra unidad, seguir colaborando en la tarea de transportar niños a la escuela, seguir ofreciendo servicios voluntarios y todas las demás actividades diarias que damos por sentado cuando no se avecina una crisis.

Bárbara, no sé cómo habría podido iniciarme en esa senda positiva si mis queridos amigos no me hubiesen enviado tu libro *Geranio*. Recuerdo que me eché sobre el piso de la cocina de nuestro hogar de un millón de dólares y pedí al Señor que me diese «la fuerza que tiene Bárbara Johnson». Afirmé que si tú podías superar lo que habías superado, yo podía superar esto.

Saber que las fases por las que he pasado (y vuelvo a repetir: llanto, aislamiento, rebelión, oración, formulación de preguntas, lectura, desorientación, autocondenación y así sucesivamente) son «normales», me ha ayudado a sobrevivir.

En ocasiones me he sentido abandonada por nuestros amigos en el ministerio. Tus libros me han ayudado a sobreponerme a algunos de los momentos difíciles. Con gusto te entregaré esa manada de elefantes que se apoyaba en mi pecho... y también te devuelvo el felpudo. Todavía intento recuperar mi cordura y la canción que entona el espantapájaros en *El mago de Oz* se ha convertido en mi lema: «Si tan solo tuviese un cerebro».

Con la ayuda de Dios y mediante la ayuda de amigos y familiares cristianos logramos atravesar nuestro oscuro túnel.

Cuán agradecida estoy por cartas como estas que me informan que hay familias que sobreviven la agonía que los ha hundido en el pozo. También estoy agradecida a los amigos que, sabiendo cuánto disfruto de historias graciosas, me escriben para contarme bocadillos de humor, chistes graciosos y momentos embarazosos.

Cuando le dije a mi amiga Charlene Ann Baumbich que estaba escribiendo un libro acerca de padres que reciben malas noticias, me contó esta graciosa anécdota de «malas noticias» de su libro *Mama Said There'd Be Days Like This, But She Never Said Just How Many* [Mamá me dijo que habría días como este, pero nunca me dijo cuántos]:

George y yo estábamos conversando animadamente cuando se detuvo un momento para sacar de su bolsillo posterior un sencillo pañuelo blanco. Desdoblándolo, se sonó la nariz con vigor. Seguí hablando sin perder el ritmo.

Después de varias sonadas fuertes, dobló el pañuelo

sobre los dobleces, una y otra vez, hasta recobrar su perfecta forma cuadrada. Lo puso en su mano derecha y lo acomodó de nuevo en su bolsillo posterior.

Cuando levantó la vista para mirarme, había enmudecido. Mi boca estaba abierta. No podía creer lo que veía y se me notaba en el rostro.

—¿Hay algún problema?

—¿*Siempre* doblas tu pañuelo así después de sonarte la nariz?

—Sí. ¿Eso representa un problema?

—Tal vez.

—¿Por qué?

—Después de veinticinco años de matrimonio no tenía idea de que volvías a doblar así tu pañuelo después de sonarte la nariz.

—¿Y?

—Y, lamento decirte que cuando lavo la ropa y encuentro el pañuelo tan prolijamente doblado en tu bolsillo posterior, presumo que no se ha utilizado y simplemente lo vuelvo a colocar en tu gaveta sin lavarlo.

Ahora le tocaba a George quedarse boquiabierto. Después de que hubiesen pasado un par de instantes, me respondió.

—Con razón siempre me cuesta tanto limpiarme los anteojos.[10]

George con sus anteojos sucios me trae a la mente una carta que decía:

A veces nuestros días parecen manchas en las ventanas de la vida y no nos atrevemos a mirar a través de ellas por temor a lo que podamos ver.

Fueron estas «manchas» de la vida que me movieron a incluir un limpiaparabrisas en mi bolso de «elementos de utilería» que llevo conmigo cuando hablo ante diversos grupos en distintos lugares del país. Lo utilizo como recordatorio de que si se lo permitimos, Dios «despeja con limpiaparabrisas» nuestras preocupaciones. Lustra nuestras manchas de dolor, quita frotando cualquier error que cometamos (o que

pensemos haber cometido), y nos da una brillante y nueva
perspectiva de la vida. Luego, en lugar de concentrarse en los
«tendría que haber» y «debería» y «si tan solo», podemos
llenar nuestras mentes con pensamientos que sean buenos,
puros y hermosos a medida que Dios nos renueva desde
adentro.[11]

Para tener este tipo de actitud nos hace falta un tipo *diferente*
de gafas, los anteojos que mi amigo Roger Shouse llama «espejuelos de la abuela». Cuenta la historia de un muchachito
que preguntó a su amigo:

—¿No te resultaría *odioso* tener que usar anteojos?

—No —le respondió su amigo—, ¡no si fuesen como los que
usa mi abuela! Mi madre dice que ella siempre puede ver
cuando las personas están cansadas, descorazonadas o tristes.
Puede ver cuando una persona está necesitada y siempre se da
cuenta cuando uno tiene en la mente un asunto acerca del cual
necesita hablar. ¡Pero lo mejor de todo es que ella siempre
puede ver algo *bueno* en todas las personas!

»Un día le pregunté a mi abuela cómo era que podía ver de
esa manera —continuó el muchachito—. Dijo que se debía a
que con la edad aprendió a mirar las cosas. ¡Así que estoy
seguro que deben ser esos espejuelos que tiene![12]

¿No sería maravilloso que todos viésemos a otros a través
de los espejuelos de la abuela?

La sala de espera de Dios

Así como la abuela lograba ver algo bueno en cualquier
situación, Dios puede tomar tu dificultad y convertirla en un
tesoro. Tu pena puede convertirse en gozo... no una simple
sonrisa momentánea, sino un profundo y nuevo gozo. Será
una experiencia chispeante de nueva esperanza que te da
brillo a los ojos y pone una canción en tu corazón.

En medio de la oscuridad aprenderás lecciones que tal vez
nunca habrías aprendido durante el día. Todos hemos podido
ver cómo los sueños se convierten en cenizas (cosas feas,
experiencias sin esperanza), pero lo que hace Dios es cambiar
las cenizas por belleza. Entrégate a Dios y pídele un espíritu
de alabanza para que todo tu ser se restaure.

Las tristezas vienen, pero en cada ocasión Dios estará presente para recordarte que ÉL TE CUIDA. Romanos 8.28 significa que Dios hace que todas las cosas en nuestras vidas ayuden para bien. Recuerda:

El abono hace hermosos jardines.

Dios se te ofrece diariamente y el precio del cambio es fijo: tus pecados a cambio de su perdón, tu dolor a cambio de su bálsamo sanador, tu pena a cambio de su gozo. Entrégale tu dolor. Entrégale la culpa que sientes, las aflicciones que nos sobrevienen a todos. Son parte de nuestra vida, pero si te concentras en Jesucristo, solo Él puede aliviar tu dolor. Luego nos usa para enjugar las lágrimas de otros.

Muchos estamos en la sala de espera de Dios... y tenemos la sensación de haber estado SIEMPRE allí. Pero por cierto que uno conoce allí personas muy interesantes... personas maravillosas que también están aprendiendo lecciones mientras sufren y crecen. No estás solo; *miles* como tú intentan obtener alivio de las noches de soledad.

Se requiere de mucho, mucho tiempo para que se resuelvan las heridas profundas... en ocasiones parecen eternas. ¡No te des por vencido! Según lo expresara alguno, la verdadera sanidad no es un proceso de microondas. Más bien se parece a una experiencia de cocción a fuego lento.

La mejor vitamina para hacer amigos: C tú mismo.[13]

Hablar es comunicarse,
pero escuchar es interesarse.

Cuando una puerta se cierra, siempre se abre otra...
pero esos largos pasillos son un verdadero
aburrimiento.[14]

Definiciones médicas del Hogar para desorientados:
Arteria: Estudio del arte.
Semiología: Estudio del semen.

¡Sorprendente! Si se deja una prenda colgada en un
ropero durante cierto tiempo, se achica dos tallas.[15]

Querido Dios: por favor dame brazos más largos o
ponme los pies a mayor altura, quizás donde están
mis rodillas, para que pueda quitarme los zapatos
sin sentir como si estuviese a punto de dar a luz.[16]

En nuestra juventud deseamos cambiar al mundo.
Al llegar a la vejez, deseamos cambiar a la juventud.

Aquel que está lleno de gozo
predica sin predicar.

Existen tres maneras de concretar algo:
1. Hacerlo uno mismo.
2. Contratar a otro para que lo haga.
3. Prohibir a sus hijos que lo hagan.

Cosas para hacer hoy:
1. Levantarse.
2. Sobrevivir.
3. Ir a la cama.[17]

A veces Dios calma la tempestad, otras veces permite que ruja la tormenta y calma a su hijo.[18]

Y el Dios de esperanza os llene de todo gozo y paz en el creer, para que abundéis en esperanza por el poder del Espíritu Santo.[19]

3

Empaca tus maletas. Saldremos a recorrer nuestras culpas

¿Qué me pongo hoy: culpa, dolor, vergüenza o multidesdicha?

Después de shock y aislamiento, CULPA es el sentimiento más común que soportan los padres que sufren y se han incrustado contra el techo cuando los golpean las malas noticias. Sabemos que Erma Bombeck dice que la culpa es «el regalo que se da y se vuelve a dar y se vuelve a dar...» También se parece un poco a la levadura que usaban antaño los pioneros.

En aquel entonces, la levadura era un bien preciado, algo que uno no podía salir corriendo a comprar al almacén de la esquina. Pero la gente no acumulaba su levadura; la regalaban a otros porque sabían que si guardaban sólo un poco seguiría hinchándose y CRECIENDO hasta reemplazar lo que regalaron.

La culpa es como la levadura. Puedes regalar hasta noventa por ciento de tu culpa y el diez por ciento restante seguirá creciendo y creciendo hasta tener una GRAN cantidad.

Muchos padres que sufren se sienten culpables por lo que les ha pasado a sus hijos, pues creen que hasta cierto punto alguna cosa que han hecho ha causado el problema. Yo también he debido lidiar con este «regalo». Cuando nuestro hijo murió en Vietnam, en lo único que podía pensar era que yo había firmado los papeles que lo autorizaban a alistarse en el cuerpo de marina dos meses antes de tiempo... antes de cumplir dieciocho años. En nada me tranquilizaba entender que se habría alistado DE TODOS MODOS en cuanto hubiese cumplido los dieciocho años.

Cuando nuestro hijo mayor, Tim, murió en un accidente automovilístico cuando volvía a casa desde Alaska, pensé: *¿Por qué no INSISTÍ en que despachase el auto por barco y volviese a casa en AVIÓN?* (¡Como si él me fuera a hacer caso!)

Y después de que nuestro hijo Larry desapareciese en el estilo de vida homosexual, lo único que podía hacer era revivir todas las cosas airadas que le dije al enterarnos de su homosexualidad. Estaba convencida de que mis palabras lo habían alejado.

Mi correspondencia me dice que no estoy sola con mis sentimientos de culpa. Al parecer hay padres en todas partes que quedan tambaleando al recibir noticias catastróficas, preguntándose: *¿Cómo pudo pasar esto?* Es triste, pero la respuesta que de inmediato les viene a la cabeza es: *¡Me debo haber EQUIVOCADO en algo! ¿En qué fallé?*

Es allí donde se instala la culpa... y la culpa nos tortura con su estilo especial de desdicha. Según lo escribió una madre: «Las preguntas que nos hemos formulado y los garrotes de culpa con los que nos hemos golpeado lo único que han logrado es quitar a golpes de nuestras cabezas las respuestas satisfechas de nosotros mismos». Estremecidos con los «por-qué» y sumergidos en los «si tan solo», nos sentimos como el hombre que dijo:

A VECES MI MENTE ESTÁ TAN INCÓMODA
QUE DESEARÍA PODER IR A ALGUNA PARTE
Y QUITÁRMELA.
Ashleigh Brilliant
Disparo #2960 © 1983

Muchas de las cartas que recibo están impregnadas de culpa. Pero a veces pienso que mi correspondencia se parece bastante a la vida: ¡abundantemente rica, pero de algún modo ERRADA! Después de todo, la mayoría de las personas que escriben son cristianas que están plenamente conscientes de las enseñanzas básicas de nuestra fe: No importa QUÉ COSA hayamos hecho, sea que hasta cierto punto hayamos hecho algo que provocase la presente catástrofe o no, Jesús murió para borrarla de nuestras pizarras. ¡Se ha IDO!

Ministerios Espátula es una organización de «baja tecnología». Nuestro equipo de oficina consiste de una máquina de escribir IBM Selectric, una fotocopiadora y, lo más importante, un borrador de cintas magnéticas Sony. Usamos muchas cintas de audio y cuando tenemos una que está mutilada o alguna que está llena de alguna cosa desactualizada, la ponemos en el borrador de cintas y ¡ZAS! No importa cuán arruinada haya estado la vieja cinta, en unos segundos apenas tenemos una cinta vacía, nueva, limpia y a estrenar. Eso es lo que hace Dios cuando nos acercamos a Él para pedir perdón. Primera de Juan 1.9 promete: «Si confesamos nuestros pecados, Él es fiel y justo para perdonar nuestros pecados, y limpiarnos de toda maldad» (Reina Valera).

Dios nos LIMPIA y nos hace nuevos. Me agrada decir que la única cosa que Dios NO PUEDE ver es nuestro pecado porque está cubierto por la sangre de Jesús. Hemos sido PERDONADOS... ¡y como cristianos lo SABEMOS! A muchos se nos ha enseñado este principio fundamental desde la infancia. Desde nuestros días de la infancia en la Escuela Bíblica de Vacaciones hemos estado cantando el antiguo coro: «Se han ido, se han ido, se han ido, se han ido, ¡sí mis pecados se han ido!»[1]

Pero tristemente, este maravilloso mensaje a veces parece estar escrito sobre nuestros corazones con tinta mágica que de algún modo desaparece cuando las condiciones son propicias. Y cuando sucede eso, la promesa eterna de Dios en realidad parece causar MÁS dolor a padres que sufren... porque les resulta imposible aceptarlo. Así lo escribió una madre:

> Ha sido una lucha perdonarme por mis fracasos como madre. Por tanto tiempo he vivido con sentimientos de fracaso y de culpa que olvidé que Jesús murió por eso, y

por no aceptar su perdón y limpieza he pasado meses castigándome. Siempre intento llevar la carga sola.

¡Considérese abrazado!

Otra escribió:

Tus comentarios acerca de la culpa me revelaron qué debía hacer con ella. Es maravilloso escuchar que no es mi culpa y que no debiera quedar atrapada en ella, ¡pero nadie me dijo jamás lo que podía hacer con la culpa! Sí, la respuesta es simple, pero la entrega de mi culpa a Dios sencillamente no era algo que se me ocurría hacer. Estoy agradecida porque ahora puedo empezar a comprender el amor incondicional de Dios, su amor constante para con sus hijos.

Y otra más dijo:

Bárbara, no lo podemos comprender. Por supuesto que nos preguntamos «¿En qué nos equivocamos?» y todas las otras cosas que se preguntan los padres. Todos hemos ido a ver a un consejero cristiano, pero no estoy segura de que haya servido de algo. Oro cada día y verdaderamente intento entregarle la situación al Señor, pero en mi corazón y mi mente sigo preocupándome[...]

La culpa crea un círculo vicioso del que resulta difícil escapar. Según lo expresó un cristiano atribulado:

¡ME SIENTO TAN CULPABLE
DE SENTIRME TAN CULPABLE!

Una mujer preguntó:

¿Cómo aprendo a no preocuparme tanto por lo que piensan otras personas? Me da vergüenza contarles a mis amigos, compañeros de trabajo y familia lo que nos ha sucedido. Tal vez sea una «cuestión de culpa» preocuparme por lo que piensan de MÍ, no de mi hijo. Como si hubiese hecho algo malo mientras lo criaba o como si fuese en parte culpable.

Otra dijo que se sentía como si tuviese TATUADA en la frente la palabra *FRACASO*. Y otra más escribió:

Nos preguntamos en qué nos equivocamos con nuestra hija... qué podemos hacer, etc. Amo al Señor, pero a

veces casi no puedo orar. Me he sentido demasiado avergonzada para decírselo a alguien, así que no tengo con
quién hablar.

Aprendamos a aceptar el regalo de Dios

A decir verdad, a veces nos cuesta recibir el perdón de Dios.
Debemos tomar una decisión consciente de ACEPTAR la limpieza de Cristo como un REGALO maravilloso, caro y sacrifi-
cado. Me agrada la forma en que una madre dijo haber adaptado algo de uno de mis libros para hacer esto:

Bárbara, tu cuadro de la madre que sube por la escalera y
entrega su regalo [la caja envuelta para regalo que contiene
a su hijo] a Jesús ha sido una imagen muy sanadora para mí.
He tenido que subir por esos escalones muchas veces, pero
cada vez me produce una gran sensación de paz y alivio.

El dibujo me llevó á imaginar otra escena que también
me ha sido de ayuda:

Imagino a Jesús trayéndome una gran caja envuelta
para regalo. En mi «escena» Él toca el timbre de mi casa
y lo encuentro de pie delante de la puerta (una especie de
cartero celestial, supongo). Me sonríe de manera muy
bondadosa y me entrega el paquete.

Lo abro y encuentro un frasco de «perfume» especial.
(Bárbara, es ese aerosol QUITA-CULPAS de 1 Juan 1.9
del cual hablaste en tu libro.) Al rociármelo por todas
partes, siento un maravilloso cosquilleo. Me produce
tanta felicidad que río y bailo y hago exclamaciones de
gozo.

Jesús se queda allí viéndome disfrutar de su regalo y
la sonrisa que veo en su rostro es otra parte del regalo que
recibo: Al usar lo que Él me ha dado, le doy gozo a Él...
¡y eso, a su vez, me produce gozo también!

Cuando siento que me hundo en el pozo de la culpa,
busco un sitio tranquilo y cierro mis ojos. Entonces imagino
que suena el timbre[...]

Después de rociarte con el perfume «Quita-culpas» y limpiar tu pasado con el limpiaparabrisas del amor de Dios,

puedes aspirar un poco de «gas hilarante» de Dios mediante la aspiración de la promesa del Salmo 32.1:

> FELIZ el hombre a quien sus culpas y pecados le han sido perdonados por completo.
> FELIZ el hombre que no es mal intencionado y a quien el Señor no acusa de falta alguna.[2]

Algo que me sucedió recientemente me permitió sentir todas esas emociones. Teníamos una querida vecina que tenía MUCHOS gatos (¡alguna vez tuvo CUARENTA!). Tenía ochenta y cuatro años, más o menos cuidábamos de ella, y yo le hacía las compras y compraba toneladas de alimento para gatos.

La amábamos y la sentíamos cercana en nuestros afectos, ¡pero después que murió me dejó atónita enterarme que me había dejado dos preciosos anillos de diamantes! ¡Qué brillo inesperado llegó a mi vida!

Hice arreglar el tamaño de los anillos y los usé con gusto... ¡hasta que alguien sugirió que «cualquiera que tiene un ministerio libre de impuestos y sin fines de lucro no debería tener diamantes caros como esos!» ¡Vaya ataque de culpa!

Pero después de considerarlo un tiempo decidí que era aceptable usar los hermosos anillos si le decía a la gente que eran un REGALO y, después de todo, sus brillos me recuerdan cómo Dios trae a mi vida gozos tan inesperados. Así que si me ves en algún espectáculo de TV, o en un video o en alguna conferencia y llevo puestos esos anillos, sabrás de dónde vinieron. ¡Cuánto agradezco al Señor por la forma especial que tiene de animarnos a «seguir adelante sin aflojar!»

Bill, que tiene una de esas personalidades que le hace ver el lado oscuro de las cosas, dice que me GANÉ cada destello de los anillos por todos los excrementos de gato que limpié y todas las bolsas pesadas (tamaño industrial) de alimento para gatos que cargué. Pero yo los considero brillos especiales para alguien que no se merece semejante obsequio.

Cómo lidiar con los errores

Cuando intentamos deshacernos de nuestros sentimientos

de culpa y mientras nos esforzamos por recordar ese principio que enfatizo con tanta vehemencia: «donde no hay control no hay responsabilidad», debemos también ser sinceros con Dios acerca de lo que sí hemos hecho mal. Al fin y al cabo, TODOS nos equivocamos.

Debemos enfrentarnos a acciones pasadas, aceptar cualquier fracaso y reconocer que (¡suspiro!) ¡NO SOMOS PERFECTOS! Debemos rendir nuestros fracasos a Dios... extender nuestra mano y entregárselos. ¡ENTONCES QUEDAMOS LIMPIOS DELANTE DEL SEÑOR!

Recuerda, Dios cree que vale la pena amarte, a pesar de tus pecados... a pesar de tu pasado vergonzoso... a pesar de tu rebelión.

Aunque fueses el único pecador del mundo, ¡Dios te ama tanto que Jesús habría muerto por ti solamente! ¡BUENAS NOTICIAS! ¡Él fue clavado a una cruz para que pudieses DEJAR DE CLAVARTE TÚ MISMO A UNA CRUZ! Practícalo hasta perfeccionarlo: ¡Acepta su perdón y vive una vida libre de culpas de aquí en adelante!

**«ESO QUE TIENES ES EL CONTROL REMOTO DE LA TV,
NO EL QUE ABRE LA PUERTA DEL GARAJE».**

Una gota de agua en un estanque de bendiciones

A veces nos sentimos culpables debido a nuestras actitudes y expectativas. A decir verdad, debería admitir que de nuestros cuatro hijos, en realidad esperaba que fuese Barney, nuestro hijo menor, el que nos causara mayor dolor. Al fin y al cabo, ¡fue quien pintó de NEGRO el piso del porche del vecino y acumuló VEINTIDÓS BOLETAS DE INFRACCIÓN DE ESTACIONAMIENTO antes de cumplir los dieciocho años! En aquel entonces no podía imaginarme que alguna vez volvería a casa después de un viaje, como sucedió el año pasado, y encontraría una nota como esta esperándonos:

Mamá y papá:
¡Sólo quería decirles cuánto los amo! Gracias por todas las cosas que hacen por mí[...] Estoy muy orgulloso de que Bárbara Johnson sea mi mamá y Bill el mandadero sea mi papá[...] Me es imposible decirles lo agradecido que estoy por mi mamá y mi papá y por todo lo que hemos pasado, la confianza y la fe que me han tenido. ¡Su apoyo y amor me han formado y moldeado hasta ser la persona que soy en la actualidad! Con la ayuda de Dios, haré lo mismo para otros.
Con amor,
Barney

Estaba henchida de orgullo por causa de esta «carta de amor» hasta leer la última línea:

P.S. ¡Me volvieron a multar por exceso de velocidad! ¡Maravilloso! ¿No?

Debemos compartir parte del crédito del «moldeo» de Barney (con la excepción de sus hábitos de tránsito) con su esposa, Shannon, nuestra querida «hija por amor» desde hace dieciocho años. Pero como este libro trata el tema de escuchar malas noticias y aprender a vivir con dolor, debo contarte lo que una vez consideré una noticia verdaderamente MALA acerca de Barney. Mi reacción a esta situación fue algo que me hizo sentir culpable por mucho tiempo.

Si has leído mis otros libros, tal vez recuerdes que Barney fue el dulce bebé que traje a casa la mañana de Navidad en una pequeña media roja y peluda, y que era muy hermoso...

el primer bebé lindo que había tenido. Pero sufría de cólicos, y si hubiese sido mi PRIMER bebé, ¡habría sido el ÚLTIMO!

El nombre verdadero de Barney es Dean, en honor a mi papá. Su apodo surgió porque solíamos tener un piano automático que tenía un rollo que tocaba «Barney Google, with the goo-goo-googly eyes» [Barney Google, con sus ojos saltones]. Barney tocaba esa canción hasta que quedábamos un poco atontados, pero le va como anillo al dedo.

Asistió a escuelas cristianas y cada semana debía aprender versículos de las Escrituras que se convirtieron en la tortura de MI existencia porque le producía mucho fastidio tener que aprenderlos. Lo sentaba sobre mi cama mientras me preparaba para ir a trabajar, y lo hacía sentar a la mesa de la cocina mientras preparaba la cena haciéndolo recitar el versículo y su respectivo «domicilio»... mientras sufría junto con él cuando trataba de aprender sus versículos bíblicos para la escuela.

Barney aceptó al Señor cuando era un pequeñuelo y se bautizó y cumplió con todos los pasos, pero cuando estaba en la secundaria, después de la muerte de Tim, vimos como se iba alejando... al descubrir señales de mariguana y cerveza en su automóvil.

No tenía problemas de envergadura en lo concerniente a la escuela ni a su comportamiento, pero debido a nuestra preocupación, hablamos con su consejero escolar. Nos dijo que los objetivos de Barney eran «poseer un molino de viento y bombear gasolina de su propia bomba de gasolina». El consejero nos aseguró que esas metas no eran tan malas si se tomaba en cuenta lo que pensaban algunos de los muchachos de aquel entonces. Así que, como Barney era un tipo que en casa amaba tanto la diversión y era tan agradable, dedujimos que era un típico adolescente y sabíamos que la pérdida de Tim le había asestado un fuerte golpe. Barney había sentido un afecto especial por Tim y lo seguía por todas partes como lo hace un hermanito.

Un día Barney entró y me mostró una foto de una dulce muchachita de ojos pardos llamada Shannon. Hasta este momento se había interesado por el motocross, las hamburguesas con queso y la colección de trofeos obtenidos en campeonatos de motocross. Así que me alegró que eligiese una muchacha tan preciosa. Le formulé las preguntas acostumbradas acerca de su procedencia, de cómo la conoció y, por supuesto, supuse que era cristiana.

¡PERO ESTABA EQUIVOCADA!

Me dijo de entrada que no asistía a ninguna iglesia y que decididamente NO era cristiana. Era como si, por primera vez, estuviese aclarando su posición... y aguardaba mi respuesta.

Ahora bien, ¡debes comprender que todas nuestras esperanzas y perspectivas de lograr una familia cristiana... y NIETOS cristianos estaban puestas en Barney! Steve ya no estaba. Tim ya no estaba. Larry andaba por ahí haciendo de las suyas en el estilo de vida homosexual. ¡De modo que Barney era nuestra única esperanza! Que él me dijese que estaba ENAMORADO de esta muchacha que no era cristiana... ¡puedes imaginarte lo difícil que me resultaba no estallar de desánimo!

Sencillamente no me resultaba posible pensar que Barney se casase con una muchacha inconversa y sin trasfondo de iglesia. Por dentro estaba agitada y enojada, obsesionada por el hecho de que mi hijo saliese con una PAGANA mientras me imaginaba que quizás tendrían hijos y los criarían sin permitirnos ningún aporte espiritual en sus vidas. ¡Qué impensable que Barney, nuestro hijo especial, se involucrase con una no cristiana! ¡Para mí, esto llegaba al número trece, en una escala de desastres de uno a diez (donde diez era el peor)!

Por su educación, Barney sabía lo que sentíamos y yo sabía que ÉL era cristiano aunque su comportamiento adolescente no era lo que deseábamos. Sabíamos que los niños necesitan experimentar y pasar por etapas... ¡pero no había forma de aceptar que se casase con una muchacha que no fuese cristiana!

¿Pero qué podíamos hacer? ¿Cómo podía yo, que sólo era su madre, producir un cambio? ¿Podía quedarme sentada y esperar que un rayo del cielo operase este milagro? ¿Era posible que sólo observase, orase y fuese un testigo para el Señor? Recordé la antigua canción que decía: «Canta, sonríe y ora... es el único camino. Si cantas, sonríes y oras, las nubes se alejarán».[3] Pues bien, sonaba agradable, pero, ¿cómo lograría eso que esta querida Shannon conociese al Señor?

De algún modo me era necesario ponerle «pies» a mis

oraciones y el tiempo se iba acortando. Shannon venía a menudo a nuestra casa y me daba cuenta que su relación se estaba volviendo seria. Ella tenía un pequeño Volkswagen azul, y cuando llegaba a casa y lo veía estacionado allí, oraba desesperadamente pidiendo a Dios que me MOSTRASE alguna manera de llevarla a conocer al Señor. Por supuesto que conocía las cuatro leyes espirituales y los versículos y las maneras sencillas de hablar de Cristo, pero por algún motivo también sabía que a Barney le desagradaría que comenzase con todo ESO. Así que oré pidiendo otra forma...

En ese tiempo se daban hermosos conciertos cristianos los sábados por la noche en *Calvary Chapel* en Costa Mesa. A todos los jóvenes que conocía (a excepción de Barney) les encantaba asistir, y unos dos mil jóvenes cantaban y escuchaban el mensaje, y resultaba ser un verdadero faro para ellos. Pensé: ¡*Esta es la respuesta!* Así que invité a Shannon a acompañarme al concierto. A decir verdad, la invité varias veces y siempre me decía que estaba demasiado ocupada.

Pero finalmente, una noche aceptó acompañarme a regañadientes. Para que resultase más atractivo, le prometí que iríamos a comer cerca de la capilla a un lugar especial que sabía que a ella le agradaría.

En el concierto, la música me resultó ensordecedoramente fuerte, pero a ella le encantó y percibí verdadera hambre mientras escuchaba a Greg Laurie predicar. Al concluir, ¡salió corriendo por el pasillo y se arrodilló en el frente del salón con lágrimas corriéndole por las mejillas! ¡Aceptó al Señor allí mismo en el concierto! Su inmediato amor por Jesús fue genuino y completo. Su corazón estaba totalmente abierto al mensaje del evangelio.

Como dije, solía sentirme culpable por lo que sentí por Shannon la primera vez que la conocimos, porque al final ella ha sido una de las mejores cosas que ha ocurrido a nuestra familia... y a tantas otras personas también. Su entrega al Señor ha sido como lanzar una piedrecita a un gran estanque. La semana siguiente llevó a su mamá y a su hermana al concierto, y ambas aceptaron al Señor. Y a la otra semana llevó a su abuela y a su bisabuela, y ambas pasaron al frente y se entregaron a Cristo. Y desde entonces Shannon ha sido un instrumento que Dios ha usado para traer a MUCHÍSIMAS personas a conocer al Señor.

Esta semana, mientras preparaba este manuscrito, me llamó para contarme de una persona que había llevado al Señor muchos años atrás. Acababa de recibir un llamado para contarle que *esa* persona, a su vez, condujo a varias personas más al Señor.

Shannon queda perfectamente descrita en ese versículo de Daniel que dice: «Los que guiaron a muchos por el camino recto[...] ¡brillarán por siempre, como las estrellas!»[4] Sin duda Shannon es una estrella que brilla en nuestras vidas; me agrada decir que ha abierto muchos agujeros en la oscuridad de otras personas.

Ahora que ella y Barney tienen dos preciosas hijas adolescentes, Kandee y Tiffany, me preguntaba cómo respondería si se enterase que una de ellas estaba seriamente involucrada con un no cristiano. Cuando le formulé la pregunta, respondió: «¡Ay, Barbarita! ¡Sencillamente NO lo podríamos soportar! ¡Me moriría!»

Vaya, por cierto que sabía lo que sentía ella y lo que quería decir. Pero también sabía que Shannon daría los pasos necesarios para posibilitar el cambio, porque he visto cómo lo ha hecho anteriormente. Su vida ha sido un testimonio para Barney, tanto, que ahora ambos están dedicados por completo al Señor y han enseñado a sus hijas a amar a Dios. Les han enseñado su Palabra y sus promesas, arraigándolas con firmeza en los principios bíblicos.

Sé que las suegras pueden ser un dolor de cabeza. Se dice que:

> ¡Se producen emociones encontradas cuando tu suegra se despeña conduciendo tu nuevo Cadillac!

Pero mi relación con Shannon es verdaderamente de amor. A veces, cuando lo pienso, me abruma ver cuánto gozo Shannon, el tema que produjo ese impacto de malas noticias muchos años atrás, ha traído a nuestras vidas. No pasa una semana sin que ilumine mi vida con algún destello. La semana pasada me dio una hermosa placa de Norman Rockwell que muestra a un dulce niñito arrodillado junto a su cama, orando. La nota adjunta decía:

Mi queridísima y amorosa suegra:

Este muchachito que ora junto a su cama conmovió mi corazón. Quería que este fuese un pequeño presente de agradecimiento por algo que has hecho y no sé si alguna vez podría agradecerte lo suficiente. Gracias, Barbarita, por enseñar a tu hijito a orar y guardar la Palabra de Dios en su corazón, lo cual llegó a ser una bendición para mí al ser su esposa.

¡Cómo iluminó eso mi día! Al leer su nota y mirar a ese precioso muchachito decir sus oraciones, no podía evitar recordar todas esas horas que Barney y yo luchamos para memorizar todos esos versículos bíblicos. Y ahora, treinta años después, ¡su maravillosa ESPOSA me lo agradece! ¡Si hubiese sabido que las cosas resultarían tan bien, con seguridad habría sido más paciente!

Y mientras hablo del deleite que es Shannon, estaría en falta si no agregara que ella y sus padres también tenían sus dudas cuando conocieron a Barney. Para empezar, ocurrió que una vez ella y sus padres decidieron pasar por nuestra casa de sorpresa para que sus padres conociesen a Barney... ¡y él abrió la puerta en sus calzones!

Y su método de proponerle matrimonio quizás no les resultó mucho más reconfortante: ¡Se apareció por su casa con el anillo de compromiso que pensaba dar a Shannon colgando de su oreja enganchado en UN ARO!

Todas estas cosas casi nos ponen en órbita en aquel entonces, pero ahora se han convertido en recuerdos que nos provocan risa. Uno de mis recuerdos preferidos es la forma en que describe Shannon ese momento en el concierto cuando Greg Laurie dijo: «Si deseas invitar a Jesús a tu vida esta noche, quiero que te levantes y vengas al frente ahora mismo». Shannon dice:

De repente era como si una mano invisible me levantase por la parte de atrás de mi blusa. Sentía como si flotase hasta el frente de la iglesia. Quería a Jesús más que cualquier otra cosa que hubiese deseado antes. Le pedí que entrase a mi vida. Y quería MÁS de eso que había encontrado allí... era un lugar muy lleno del Espíritu.

Y al estar de pie allí al frente de la iglesia me di vuelta para mirar a Barbarita, y tenía en su rostro una enorme y gozosa sonrisa como si estuviese pensando: *MISIÓN CUM-PLIDA.*

Cuando pienso en el gozo que ha traído Shannon a nuestras vidas, lamento todo el tiempo que pasé preocupándome por cómo habrían de resultar las cosas. Debería haber recordado la placa que está colgada en mi Cuarto de Gozo.[5] Dice así:

> ## BÁRBARA...
>
> ## CONFÍA EN MÍ.
>
> ## TENGO TODO BAJO CONTROL.
>
> *Jesús*

Cómo aprender a reír ante calamidades alocadas

Cuando tenemos la capacidad de rendir TODOS nuestros problemas, TODAS nuestras preocupaciones y TODOS nuestros pecados al Señor, quedamos en libertad para llevar adelante las vidas libres de culpa que Él nos programó. Dios

puede ayudarte a encontrar el resplandor de su HIJO dentro
de ti de manera que puedas volver a reír. No importa dónde
estés, Él está contigo, y como lo dijo alguno:

PREFIERO ANDAR CON DIOS
EN LA OSCURIDAD
QUE SOLO EN LA LUZ.

Una madre escribió para decir: «Cada uno de nosotros está
en diversas etapas de recuperación de LO QUE SEA y es
importante que tengamos la capacidad de reír a lo largo del
camino. Me ha guardado de la locura muchas veces[...] Partiendo de tu dolor surge algo hermoso que Dios tiene/es/usa-
rá».

Por supuesto, aunque Dios nos perdona todos nuestros
pecados, de todas formas nos toca dar algunas explicaciones
terrenales de vez en cuando. Recuerdo cuando eso me sucedió
hace muchos años durante uno de mis partos. Fue por allá
durante el oscurantismo cuando los doctores querían que las
mujeres embarazadas limitasen su aumento de peso a sólo
siete kilos aproximadamente y eran MUY ESTRICTOS en todo
esto.

Representaba un verdadero problema para mí porque puedo aumentar siete kilos con sólo CAMINAR frente a una
panadería. (Al parecer mis células grasas absorben las emana-
ciones directamente a través de mi piel... ¡ni siquiera me hace
falta tragar!)

Por fortuna, al presentarme para mi primera consulta con
este obstetra, noté que la balanza estaba junto al antepecho de
una ventana. Así que cuando entraba para que me pesaran,
secretamente apoyaba mi dedo sobre dicho antepecho próximo a la balanza y EMPUJABA... lo cual hacía que mi peso
pareciera estar más o menos dos kilos por debajo de lo que era
en realidad.

Pero un día entré y para mi SORPRESA habían pintado el
cuarto y corrido la balanza hacia el centro de la habitación,
¡alejada del antepecho de la ventana! No tenía dónde apoyar-
me para pesar menos. Cuando la enfermera me pesó, ¡parecía
que había aumentado como cuatro kilos y medio en un lapso
de solo dos semanas!

Al doctor le dio un ATAQUE e inmediatamente exigió saber lo que había estado haciendo, comiendo, lo que había sucedido para que se produjese un aumento tan grande. ¡Él no lo creía!

De modo que al final tuve que decirle que mi aumento de peso era culpa de ÉL porque había hecho pintar la habitación y la balanza la habían trasladado desde su sitio junto al antepecho hasta el centro del cuarto.

Supongo que la moraleja de esta historia es que mis pecados siempre me delatarán. Pero aun cuando así suceda...

> DIOS ME AMA TANTO
> QUE ME ACEPTARÁ
> TAL COMO SOY...
> ¡PERO ME AMA DEMASIADO
> PARA PERMITIR QUE QUEDE ASÍ!

En otras palabras, ¡Dios nos ama demasiado para dejarnos incrustados contra el techo! Por supuesto que a veces produce dolor que nos despeguen y en otras no se hace inmediatamente evidente que «aterrizamos» en una situación mejor. Según escribió una mujer: «Hemos caído del techo quedando aplastados contra el piso».

Otra mujer que experimentó una caída similar dijo: «En este momento no necesito una espátula. Necesito una retroexcavadora!» Otra más dijo: «No hizo falta que me despegasen del techo, pero mi corazón tuvieron que levantarlo del piso ya que lo arrancaron cuando nuestro hijo nos dijo que era homosexual».

Supongo que estas son las ocasiones en que empezamos a pensar:

> ¡LA MAYORÍA DE MIS PROBLEMAS
> O NO TIENEN RESPUESTA
> O LA RESPUESTA ES PEOR QUE EL PROBLEMA!

> Ashleigh Brilliant
> Disparo #2101 © 1981

Es necesario que pongamos las cosas en perspectiva eterna y recordemos la promesa de Romanos 8.28 que dice que Dios obra en *todas las cosas*, incluso las calamidades, para nuestro bien. A veces resulta sumamente difícil esperar que «obre» el «bien». Y cada tanto, cuando nos sentimos como si estuviésemos hundiéndonos a profundidades cada vez mayores, no podemos evitar preguntarnos si realmente resultará algo bueno de toda nuestra desdicha. Según lo expresó una mujer:

Sé que se supone que estas pruebas me hagan fuerte... ¡pero no estoy segura de QUERER ser SANSÓN!

Sólo recuerda que no importa cuánto caigas:

El Señor sostiene a los que caen
y levanta a los que desfallecen.[6]

Así que, como aconseja el escritor de Hebreos: «Renueven las fuerzas de sus manos cansadas y de sus rodillas debilitadas, y busquen el camino derecho, para que se sane el pie que está cojo y no se tuerza más».[7] Y si todo lo demás no logra levantarte el ánimo y fortalecer tus «rodillas debilitadas», tal vez debas recurrir a «actos de tontería al azar» tales como decorar tu parachoques con un gran cartel adhesivo como el que vi hace poco:

ADVERTENCIA: ¡SÉ KARATE!
(y otras tres palabras chinas)

Echa a un lado tu culpa, llena tu corazón del consuelo del amor y la misericordia de Dios... ¡y encuentra de qué reírte!

Siempre me da risa ver cómo se confunde la gente con los títulos graciosos de mis libros. Por ejemplo, una mujer recientemente se refirió a *Ponte una flor en el pelo y sé feliz* como *Ponte un geranio en el cráneo*.

Pero el que más me gustó de todos provino de un lector que se refería al libro *Mamá, ¡busca el martillo!*

¡Hay una mosca en la cabeza de papá! Él escribió: «Anoche mismo estuve leyendo tu libro, *Golpea al abuelo en la cabeza, ¡todavía está respirando!*

Adhesivo de parachoques:
¡LAS BENDICIONES OCURREN!

Es malo contener la risa.
Vuelve a bajar y te ensancha las caderas.[8]

Me complace darles a conocer una de mis recetas preferidas, contado por una escritora de cartas que sabe de mi predilección por recetas locas:

Receta fácil para estofado de elefante y brécol

1 elefante tamaño mediano
1 tonelada de brécol trozado
(sal y pimienta a gusto)
2 conejos (opcional)

Córtese el elefante en trozos tamaño bocado (se requieren alrededor de dos meses). Agréguese el brécol trozado y los condimentos. Cúbrase con agua. Cocínese en una gran marmita sobre una fogata durante cuatro semanas aproximadamente. Si se presentan huéspedes inesperados, se puede agregar dos conejos (pero solo si es necesario, ya que a nadie le agrada descubrir un pelo en su estofado). Rinde aproximadamente tres mil quinientas porciones.

Un consejo sobre vestimenta dado por George Burns para los que superan los noventa años: «Cuídese de usar rayas que no combinen con sus arrugas».[9]

Dios nos dio memorias
para que tuviésemos rosas en diciembre.

Las familias que tienen bebés
y las familias que no tienen bebés
sienten pena las unas de las otras.[10]

Si tratas cada situación
como un asunto de vida o muerte...
Morirás mucho.

Oh, Señor:
   Bendice a la persona que de día está demasiado
ocupada para preocuparse y demasiado cansada
para preocuparse de noche.[11]

Uno de los logros que produce mayor satisfacción
a Satanás:
el botón de «espera» de los teléfonos modernos.

Probablemente no nos preocuparía lo que piensa de nosotros la gente si pudiésemos saber cuán poco lo hace.[12]

Mas yo esperaré siempre.[13]

4

Pensé que tenía la vida tomada por el mango, pero se le desprendió

*Algo a qué aferrarse
cuando tu mundo se desmorona.*

*¿A*lguna vez viste ese episodio de *I Love Lucy* [Yo amo a Lucy] donde Lucy queda atrapada en el congelador y no logra abrir la puerta? Cuando al fin logra salir, le cuelgan carámbanos de la nariz, de la cabeza y de los codos, y su ropa está solidificada debido al hielo. Me acordé de esa imagen loca cuando una amiga mía, presidenta de la PTA [Asociación Cooperadora] de la escuela de su hija, me contó de una experiencia de pesadilla que vivió hace poco cuando ayudaba a servir bebidas durante el día de campo anual de la escuela.

Todo el día las dedicadas madres de la PTA trabajaron afuera al calor sofocante de un día de junio en Florida, rápidamente servían refrescos para los estudiantes acalorados que se acercaban en bandadas al puesto después de competir en los diversos eventos.

En cierto momento mi amiga, Sue, la enviaron a la cocina para buscar otra bolsa de hielo. Nadie estaba en la cocina, pero encontró la puerta maciza de quince centímetros de grosor del enorme congelador al que se entraba caminando, se metió adentro y encendió la luz.

Producía una sensación tan agradable estar dentro del congelador después de pasar varias horas a treinta y tres grados centígrados de calor, que a pesar de su apuro, Sue se detuvo un momento para cerrar los ojos y absorber el agradable frío del aire gélido. Después encontró el hielo y se dirigió a la puerta.

«Mi corazón se detuvo», dijo ella. «¡La puerta no tenía picaporte! Sólo era una gran placa metálica lisa montada en la pared. No imaginaba cómo podría salir de allí. Intenté meter los dedos en la ranura entre la puerta y la pared para poder tirar de la puerta, pero estaba demasiado apretada. Después vi una pequeña palanca en la pared junto a la puerta. Tiré de la palanca moviéndola hacia arriba y hacia abajo, pensando que quizás de algún modo abriría la puerta, pero nada sucedió... nada en absoluto.

»Me invadió un pánico total. Pensé en qué irónico sería morirse congelada en un día tan caluroso. Me pregunté cuánto tiempo pasaría antes de que las otras madres me extrañasen... y cuánto se requería para morir en un congelador.

»Aunque sabía que no había nadie en la cocina, empecé a clamar pidiendo ayuda y golpeando la puerta con mis nudillos, gritando para que alguien me escuchase. Pensé que al menos el esfuerzo quizás me daría calor por un rato.

»De repente se abrió la puerta hacia adentro y por poco me caigo. El custodio se quedó allí parado con una expresión extrañada en su rostro. Me sentí tan aliviada que me brotó el llanto y dije:

»—¡Gracias, gracias, gracias! ¡Estaba tan asustada!

»Me miró con la misma expresión extrañada y dijo:

»—¿Por qué? ¿Qué pasó?

»—¡No podía salir! —le dije con nerviosismo— ¡No podía abrir la puerta! ¡No tiene picaporte!

»El custodio me dedicó una delicada sonrisa e hizo señas para que volviese a meterme en el congelador. Entró conmigo y después dio a la puerta un pequeñísimo *empujón* y fácilmente se abrió hacia afuera.

»—Mire —dijo él—, es una puerta *vaivén*. No le hace falta picaporte... sólo hay que *empujar*».

La vida es una aventura.
¡Sostén con fuerza tu sombrero y grita a voz en cuello!

Desechos del techo

Cuando se cierra una puerta de felicidad, se abre otra. Pero a menudo nos quedamos tanto tiempo mirando la que se cerró, que no vemos la que se ha abierto.[1]

Muchos padres que sufren saben exactamente la sensación que provoca la invasión de «pánico total» sin tener medio de escapatoria. Cuánta bendición es entonces que alguien se ponga a la par nuestra para mostrarnos una manera simple para salir de nuestra desdicha.

Eso es lo que quiero hacer en este capítulo, comunicar algunas de las ideas que han usado otros padres para encontrar cómo bajarse del techo, escalar el pozo, pasar por el fuego... o salir del congelador. Algunas de las ideas parecen simples, como un suave empujón sobre una puerta vaivén, pero incluso los actos más simples pueden marcar un rotundo cambio para un padre que sufre.

Cómo sobrevivir de minuto en minuto

Tal como es de esperarse, uno de mis «salvavidas» preferidos es usar el humor para quitar el dolor a martillazos. Siempre estoy agradecida, y un poco sorprendida, que cuando los padres logran aferrarse a este «mango» al iniciarse su aflicción, como le sucedió a esta madre que me escribió dos cartas en menos de dos semanas:

2 de diciembre
    Querida Bárbara:
    Me siento como si recién me hubiese atropellado un enorme camión. Mi hijo ha estado viviendo el estilo de vida homosexual durante varios años[...] Siempre hemos tenido una relación muy cercana, pero durante este último año no ha venido a casa dos veces. Hace dos días vino a verme. Al principio esquivó el asunto, diciendo que se sentía bien, pero finalmente dijo llorando que se acababa de enterar que había salido que era HIV positivo. Estoy tan preocupada[...] No sería raro que él tratase de evitarme mayor preocupación al no decirme toda la historia. Temo que ya tiene SIDA.

12 de diciembre
    Querida Bárbara:
    Gracias por tu llamada telefónica después de recibir mi carta.

Después de esa carta a mi hijo se le diagnosticó que tiene SIDA.

En este tiempo no trato de afrontar la vida de día en día, sino de *minuto* en minuto. Cuando me siento abrumada de tristeza y dolor, me digo: «Tú puedes superar el próximo minuto, sólo son sesenta segundos». Después hago una profunda inspiración y trato de pensar que *hoy* debiera estar regocijándome porque ahora mismo, este día, *este minuto*, nuestro hijo sigue vivo para que lo amemos y lo disfrutemos. ¿Por qué destruir el tiempo que nos queda sintiéndonos desdichados hasta el final? Es difícil, a decir verdad, *siento* que es imposible tener que ceder. Pero sólo por este minuto no voy a lidiar con eso.

P.S. Hoy fui al supermercado y noté una lámina donde se veía una foto de un postre helado de aspecto delicioso que llevaba esta inscripción: «MÁS BARATO QUE TERAPIA». Me hizo sonreír... ¡fui a casa y me preparé un plato de terapia!

Esta amorosa mamá SÍ logrará vencer porque ha encontrado HUMOR para aplastar su dolor. ¿Puedes ver el cambio que ha surgido entre sus dos cartas? También se da cuenta del valor de la ACEPTACIÓN y está afrontando su situación de MINUTO EN MINUTO. ¡Ojalá otros pudiesen aprender esta valiosa lección desde tan temprano!

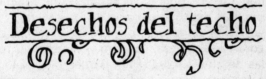

Desechos del techo

Hay una delgada línea que separa la risa del dolor, la comedia de la tragedia, el humor del dolor. Y, ¿cómo se puede conocer la risa si no es posible compararla con el dolor?[2]

A veces parece que nos resulta imposible cruzar esa línea que separa el dolor del gozo, ¡porque no podemos ver la línea!

Nuestras vidas están demasiado enredadas de experiencias dolorosas para poder saber siquiera que está allí. Si esa es tu situación... ¡Suéltate! ¡Libérate!

Bruce Larson cuenta una historia de un hombre que realizaba un crucero en un gran barco. De alguna manera uno de sus calcetines se le escapó volando sobre la baranda, perdiéndose para siempre. Sin pensarlo dos veces, el hombre arrojó el otro calcetín por encima de la baranda también, luego se acomodó extendiéndose en el diván y durmió una siesta. Sabía cuándo se enfrentaba a una situación sin esperanza y no iba a permitir que eso le arruinase su oportunidad de placer.

En contraposición, muchos nos llevaríamos a casa el calcetín restante y lo GUARDARÍAMOS esperando que su compañero quizás aparezca milagrosamente alguna vez. Pero lo único que lograríamos sería llenar de cosas innecesarias nuestro cajón de calcetines. En lugar de eso, al igual que el hombre del barco, es necesario que soltemos las situaciones dolorosas que escapan a nuestro control y que demos un paso hacia adelante, sin estorbos, sabiendo que Dios sostiene nuestro futuro en sus manos.

Nuestras vidas pueden volverse muy enredadas a causa de todas las cosas que insistimos en guardar... tanto físicas (como medias sin par y aparatos rotos) y emocionales (como culpa, dolor y desdicha). Vi una composición redactada por un escritor anónimo que describía todas las cosas que enredan nuestras vidas: cosas del ropero, cosas de las gavetas, cosas del ático, cosas del sótano, cosas buenas, cosas malas, cosas de comida, cosas de limpieza, cosas medicamentosas, cosas de ropa, cosas de afuera, cosas para darnos mejor olor y para hacer que nos veamos más jóvenes, cosas para hacernos lucir más saludables, cosas para apretar nuestra figura o para rellenarla, cosas para leer, cosas para jugar, cosas para entretenernos, cosas pequeñas, cosas grandes, cosas útiles y cosas sin importancia.

La composición acaba con un recordatorio feliz: «Ahora bien, cuando dejemos todas nuestras cosas y vayamos al cielo, lo que le suceda a nuestras cosas no tendrá importancia. Seguiremos teniendo todas las buenas que Dios ha preparado para nosotros en el cielo».

Luz para el siguiente paso

Cuando logramos deshacernos de parte de la acumulación de cosas sin sentido que pesa sobre nuestras vidas, podemos empezar a movernos otra vez, aun cuando lo único que podamos hacer es dar pasos de bebé hacia la recuperación. Verdell Davis, en su libro *Riches Stored in Secret Places* [Riquezas guardadas en lugares secretos], habla de atravesar la pena caminando con lentitud de paso en paso. Describe los monasterios de la antigua Europa donde «los monjes caminaban por los oscuros pasillos con velas sujetas a los dedos de sus zapatos, alumbrando sólo lo suficiente para el siguiente paso».

Mientras penaba por su esposo, Creath, que murió en un accidente de avión, finalmente llegó a «comprender el significado de tener luz para el siguiente paso... al caminar [los monjes], la luz siempre iba delante de ellos».

A pesar de preguntarse por qué Dios «no iluminaba un poco más intensamente cuando nos consumen tanto el dolor y el temor», aprendió que en su travesía por la pena, «la vela sobre los dedos de cada zapato verdaderamente es suficiente. Porque Dios mismo es la vela».[3]

En la economía de Dios, nada se desperdicia... ni un destello de esperanza, ni un solo acto de bondad, ni un imponderable «¿por qué?» Y el más profundo pozo de desesperanza, cuando Dios nos da luz suficiente para andar de paso en paso, su mensaje para nosotros sigue siendo simple:

Confía en mí.

Dios sabe lo que está haciendo. Creo que lo que le dijo a los judíos cuando estaban en cautiverio se aplica también a los creyentes de hoy en día cuando nos enfrentamos a situaciones desesperanzadas. A través de Jeremías, Dios dijo al pueblo desdichado:

> PORQUE YO SÉ LOS PLANES QUE TENGO PARA VOSOTROS[...] PLANES DE BIENESTAR Y NO DE CALAMIDAD, PARA DAROS UN FUTURO Y UNA ESPERANZA.[4]

Por supuesto que a veces los «planes» que tiene Dios para

nosotros aquí en la tierra no siempre son los mismos que hubiésemos escogido para nosotros. En otras palabras:

Esta puede ser la respuesta a mis oraciones, pero no es la respuesta que estaba esperando.

Adaptado de Ashleigh Brilliant
Disparo #3130 © 1983

Mantén
erguido
el mentón...

Si podemos mantener las mentes abiertas a las bendiciones, al humor y a la EDUCACIÓN contenidos en cualquier cosa que nos sucede, si podemos colocarnos ese pequeño disco invisible de radar sobre nuestras cabezas a fin de buscar constantemente las BENDICIONES en lugar de los DESASTRES, ¡nuestras vidas se enriquecerán con las experiencias que soportemos y CRECEREMOS a partir de las calamidades que fertilizan nuestras vidas! Vi un pequeño escrito de un autor anónimo que decía: «Debemos tratar de vivir de momento en momento. El tiempo presente por lo general es bastante tolerable si sólo evitamos sumarle la carga del pasado y del futuro».

Por supuesto que cuando aprendemos esta importante lección, la de vivir de momento en momento, después debemos afrontar OTRO problema. Queda perfectamente explicado en el título del libro de William Ferris:

VIVES Y APRENDES,
¡DESPUÉS TE MUERES Y OLVIDAS TODO![5]

Algún día, todo tendrá sentido. Por ahora, sólo debemos concentrarnos en sobrevivir cada día, sin importar *cuáles* sean las sorpresas que nos aguarden. Según escribió una amiga:

ESTA MAÑANA PARTÍ UN HUEVO...
¡Y CAYERON PANTIMEDIAS DE ADENTRO!

Sugerencias útiles de padres que sufren

Una amiga me contó que había conocido recientemente a una sicóloga profesional cuyo hijo murió sólo unas pocas semanas antes en un trágico accidente deportivo. Al hacerse amigas ambas mujeres, se contaron las historias de las muertes de sus respectivos seres queridos. Mi amiga admitió a la sicóloga que se sentía un poco torpe al no saber qué decir para consolarla... al fin y al cabo, ¡ELLA era la CONSEJERA!

Mi amiga dijo que en una forma extraña, hasta sentía un poco de envidia por la educación de la otra mujer porque pensaba que la sicóloga probablemente sabía exactamente las cosas MÁS ACERTADAS, las MEJORES, para decir a fin de ayudar a una persona a atravesar el proceso de pena. Al final, murmuró unas pocas palabras y agregó: «No sé qué sucede en el caso de una consejera... sólo sé lo que siente una MAMÁ al pasar por todo esto».

La sicóloga sonrió con tristeza y dijo: «Probablemente haya leído veinticinco libros desde la muerte de mi hijo, libros profesionales, libros cristianos, libros de autoayuda, y lo único que me ha ayudado ha sido leer o escuchar lo que viene de otras madres. Son las únicas que en realidad pueden comprender».

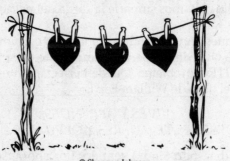

© Shannon Johnson

Experimenté lo mismo que esta consejera cuando supe que nuestro hijo, Larry, era homosexual. Estaba apurada por ir a buscar a mi hermana y a su esposo en el aeropuerto, y casi al traspasar la puerta, sonó el teléfono. Era un amigo que quería pedir prestado el cuaderno de Larry de *Basic Youth*.

Regresé de inmediato a su dormitorio y al levantar el cuaderno de la gaveta de su cómoda, vi debajo de él una pila de revistas homosexuales, fotos y cartas de otros jóvenes. A primera vista, pensé que debía tratarse de material para algún proyecto de investigación de la universidad (Larry acababa de finalizar los dos primeros años de la universidad). Luego, en un instante, supe que no era ese el asunto. Fue allí cuando me apareció la comezón de los dientes, de algún modo se me trabó un felpudo en la garganta y se acomodó el elefante sobre mi pecho.[6]

Deseaba con desesperación encontrar otra MADRE de un homosexual... alguien que ya hubiese pasado por el suplicio que me esperaba a mí. Pero no pude encontrar a nadie. Llamé al número telefónico para situaciones de crisis y dije: «¡Mi hijo es un ho-ho-ho-ho-homosexual» (me costaba decirlo) «y quisiera hablar con otra madre de un ho-ho-ho-ho-ho-homosexual!», exclamé.

Pero el personal de la línea de situaciones de crisis no tenía ninguna madre de homosexual... ¡lo único que tenían para ofrecerme era hablar con otro homosexual. ¡Pero ya tenía uno de esos! ¡Me hacía falta hablar con una MADRE!

Eso sucedió varios años atrás y el mundo era muy diferente en aquel entonces. Durante mucho tiempo sentí que la nuestra era la única familia sobre la faz de la tierra que tenía un hijo homosexual. ¡Ahora me parece que no conozco *ninguna* familia que no tenga un homosexual en alguna parte! MILES de madres se han puesto en contacto conmigo y muchas escriben para contarme lo que las ha ayudado a resolver su pena. Por lo general, no se trata de nada profundo... sólo un suave *empujoncito* hacia el camino que conduce a la salud. Estas son las madres que saben:

> Si tienes los pies bien apoyados en la tierra
> y tu cabeza en las nubes,
> estás caminando en la niebla.[7]

En las páginas siguientes deseo que sepas algunas de las ideas de estas madres para sobrevivir a noticias devastadoras. Algunas de estas cartas cargadas de angustia así como de ayuda; de modo que a fin de suavizar el impacto he incluido algunos «desechos del techo» para difundir el dolor y ayudarte a sonreír mientras lees. Espero que en las palabras de estos padres encuentres una soga que te saque de las profundidades del pozo ciego.

Desde Carolina del Norte:

Empecé mi proceso de pena como tú, Bárbara, contando las rosas del empapelado de mi dormitorio. Después, un día, le robé un segundo a mi conteo y sonreí mirándome al espejo. Agregué un segundo de sonrisa al espejo cada día hasta llegar a sonreír de verdad otra vez, por fuera y por dentro.

He aquí algunos pasos más que aprendí de tus libros:
1. Lloré.
2. Di un paso hacia la felicidad.
3. Empecé una Caja de gozo con cosas pequeñas.
4. Empecé un CUARTO de gozo con cosas grandes.
5. Organicé una fiesta para mí con muchos juegos y premios y vimos un video de dibujos animados antes de los refrescos. (Me alegró ver que otros estaban felices.)
6. Ayudé a una amiga y le permití apoyarse sobre mí.
7. Busqué ayuda. Es fundamental encontrar un oído atento que escuche, aunque sea un oído pago.
8. Mecanografié lo que subrayé en tus libros.
9. Oré y estudié la Biblia.
10. Agradecí a Dios, incluso por bendiciones del tamaño de un grano de arena.

Lo mejor del futuro es que viene de día en día.

Desde Florida:

Después de leer todos tus libros sé que debo entregar a mi hija completamente al Señor. A las cuarenta y ocho horas de leer tu libro *Tristezas*, mi fe comenzó a renacer. Desde entonces he dicho: «¡HAZ LO QUE QUIERAS, SEÑOR!» y se la he entregado a Dios. Por primera vez en dos años y medio me siento más fuerte. ¡Mi desesperanza se ha convertido en ESPERANZA![8]

Desde Michigan:

Han pasado cinco años desde la muerte de nuestra hija y nuestra nieta. Cada año mejora un poco más, pero nunca volverá a ser igual[...] Durante estos dos últimos años, mi esposo, mi hijo y yo hemos colaborado sirviendo comida a los necesitados en el Día de Acción de Gracias y de Navidad y eso nos ha capacitado para sobrevivir. Creamos nuevos recuerdos y establecemos nuevas tradiciones.

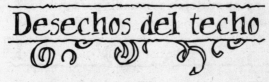

Desechos del techo

Recuerda que todas las nubes tienen ribetes de plata... y a veces centellazos.

Desde Missouri:

La confesión de mi esposo de que tuvo relaciones con otra mujer me trastornó. Ya había finalizado la relación y lo perdoné de inmediato. Pero aun así, quedé totalmente devastada. Incluso intenté suicidarme.

Una noche mi esposo insistió que asistiese a la reunión de damas de nuestra iglesia para tratar de reincorporarme en la vida y fue allí que escuché el comentario de tu libro, *Ponte una flor en el pelo y sé feliz*. Me sonaba fantástico, pero mi esposo sin duda no era homosexual y mis hijos eran maravillosos, así que no me pareció que se aplicase a mi caso. Tres días después, caí en mi pozo de nuevo y supe que debía hacer algo. En medio de una tormenta de nieve, mi esposo me llevó en automóvil hasta la librería cristiana donde solemos ir para comprar tu libro y regresé rápidamente a casa para empezar a leer.

¡Qué bocanada de aire fresco! Por primera vez en tres meses, alguien verdaderamente podía entender el dolor angustiante que sentía. Todavía me esfuerzo por mantener la media metida en mi boca cuando me dan ganas de decir otra vez: «¡Cómo pudiste!»

Desechos del techo

Bienaventurados los que no tienen nada para decir y no se dejan persuadir para que lo digan.[9]

Desde California:

Mi historia es la típica del hijo rebelde durante quince años. Creer a Dios durante tanto tiempo es difícil pero posible. Durante tres años, nuestro hijo no se ha puesto en contacto con nosotros y sólo escuchamos comentarios angustiantes con respecto a él, pero optamos creer las palabras de promesa que Dios nos ha dado.

Desechos del techo

Esperanza es la sensación que tienes de que la sensación que tienes no es permanente.

Usé tus sugerencias y tres años atrás, cuando él se fue de casa, convertí su dormitorio en mi Cuarto de gozo. Hice una cruz grande y hermosa con muchos colores y flores y «lo clavé allí» (su foto) para verlo cada vez que entro. Por todas partes hay cosas divertidas y carteles que dicen «NO SE PERMITEN QUEJAS». Es un sitio alegre y paso mucho tiempo allí. Mantiene viva la esperanza y mi salud.

Desde Alabama:

Bárbara, hasta que no leí tus libros[...] pensé que era la única madre que tenía un hijo homosexual. Me hace tanta falta escuchar de alguien que ha sentido todas las cosas que siente la madre de un hijo homosexual. Desde que me enteré de la homosexualidad de mi hijo, hoy fue la primera vez que asistí a la iglesia. Me había aislado del mundo, pero después de leer tus libros me doy cuenta que no puedo vivir así.

He hecho lo que sugeriste. He dejado de decir: «¿Por qué mi hijo? ¿Por qué yo?» Comienzo mi día diciendo: «¡Haz lo que quieras, Señor!» Y he sacado mi martillo imaginario para colocar a mi hijo sobre la cruz junto con Jesús.

Desechos del techo

Sé de mente abierta, pero no tan abierta que se te caigan los sesos.[10]

Desde Virginia del Oeste:

Bárbara, hace diez años me dijiste que las cosas mejorarían. Casi no podía creerlo en aquel entonces, ¡pero es cierto!

Desde Texas:

Estoy en mi cuarto año de terapia... cuatro años de infierno, dolor y sanidad. Ese ha sido el trabajo más difícil que me ha tocado realizar en toda mi vida. Me había aislado completamente. No quería ver a la gente. No quería tener nada que ver con mi esposo. Me odiaba y a todo lo que me rodeaba. Al cavar hasta encontrar la salida del pozo negro donde me encontraba, empecé a entender que Dios ha estado conmigo en todo momento. Nunca estuve completamente sola[...] Dios estuvo allí preservando mi vida y mi cordura. Mi sanidad continúa. Hace doce años que no veo a mi hijo. Todavía me duele tanto que casi no lo puedo soportar, pero tengo a Dios y tengo esperanza.

Desechos del techo

Tenga la edad que tenga, una madre observa a sus hijos de mediana edad para ver si descubre señales de mejoría.[11]

Desde Carolina del Norte:

Todavía seguimos en el desfile de la vida, pero renqueamos. Tanto ha sucedido... y hay tanto que NO HA sucedido: La reunión largamente esperada. La paz que sobrepasa todo entendimiento. Pero sigo aferrándome a las promesas invencibles de Dios que dicen que Él puede hacer lo imposible.

Hay tantas «caídas» en la vida, ¿no? ¡Pero gracias al Señor perdonador y tolerante que nos vuelve a levantar con nuestros codos raspados y un chupete rojo metido todavía entre los dientes! Cuando todo parece imposible, descubrimos que de alguna manera nos encontramos cara a cara con otro amanecer, refrescándonos la memoria de que también nace para renovar nuestra esperanza.

Bárbara, tu humor, tu espíritu alegre, corazón satisfecho y esperanza radiante forman una soga de la cual me puedo mecer. Gracias por derramar gozo sobre nosotros los padres de pródigos.

La descripción del «renqueo» en el «desfile de la vida» hecha por el que escribió esta última carta me trae a la memoría un chiste corolario que alguien me enviara después de haber contado este antiguo proverbio irlandés:

Que aquellos que nos aman, nos amen,
y los que no nos aman,
que Dios dé vuelta a sus corazones.
Y si no da vuelta a sus corazones
que tuerza sus tobillos,
para que podamos reconocerlos por su renqueo.

Mi amiga dijo que, los que sufrimos el «maltrato» de estos necios «renqueantes», nos aferramos a una esperanza:

EL TIEMPO TODO LO HIERE.

Ahora miremos algunas cartas más que ofrecen *verdadera* esperanza. Recuerda que estas cartas las enviaron padres *en recuperación* a padres que *acaban de ser lastimados*:

Desde Florida:
Después de vivir en una relación homosexual durante cinco años, ¡mi hija ha vuelto a casa! Veo esto como una segunda oportunidad. No sé cuál será el resultado, pero tengo *esperanza*. ¿Creerías que la noche antes de que llamase, después de un largo distanciamiento, le dije a Dios: «Señor, sé que *puedes* cambiarla, pero, *¿lo harás?*» Dormí como un bebé por primera vez desde que empezase todo esto. Su llamada telefónica llegó a la mañana siguiente.
Tengo miedo y esperanza al mismo tiempo... sin presionar pero orando más fuerte que nunca, tratando de enfrentarme a la vida de hora en hora.

Desde Georgia:
Han pasado cuatro años de dolor angustiante, soledad y devastación emocional, ¡pero Dios ha convertido mis dificultades en triunfos! Todavía derramo lágrimas. Todavía extraño a mi hija y a los demás. Pero ahora agradezco a Dios todos los días por sus bendiciones y por su gracia. Sin Dios no hay vida, no hay esperanza. ¡Con Dios, hay de todo!

Desde Indiana:
Dios usó tus libros y a ti para elevarme a un mayor

nivel de fe en Él y me dio más autoestima y gozo de lo que he tenido en toda mi vida... ¡Tengo cincuenta y seis años!

He iniciado un ministerio «miniespátula» por mi cuenta. Simplemente trato directo con los que sufren. ¡No puedo creer cuántas personas sufren allá afuera, personas que antes de mi dolor (y tus libros), no veía!

Ahora hago cuarenta y cinco copias de la carta circular *Loveline* [Línea de amor], escribo notas en la parte superior y las envío a las personas que sé que necesitan una «salpicadura de gozo».

El gran embellecedor es un corazón satisfecho y una perspectiva feliz.

Desde Michigan:

He puesto a mi hijo en manos de Dios, como sugeriste. Debo amarlo desde adentro únicamente... es lo único que él me permite. Pero jamás dejaré de amarlo porque, en primer lugar, ¿quién soy yo para juzgar a uno de los hijos de Dios, no sea que yo sea igualmente juzgada? El juicio no me corresponde a mí (¡gracias a Dios!). Y en segundo lugar, si no puedo amar a todos aquí en la tierra según enseña Jesús, ¿cómo puedo albergar la esperanza de un lugar en el cielo con Él?

Desde Tennessee:

La cosa singular que me ha ayudado es mi fe en Dios: mi Creador, Padre, Salvador y Amigo. Estoy tan contenta que Él me da un corazón feliz y ojos risueños para poder sentir y ver este mundo enredado en el que vivo.

Mientras me preparaban para hacerme cirugía, me habían administrado medicación para relajarme. Cuando llegaron con la camilla para llevarme hasta el quirófano, decidí que sería mejor que fuese al baño. Como estaba desequilibrada debido al medicamento, mi esposo me ayudó a llegar al baño mientras que los asistentes y nuestro pastor aguardaban en la habitación. Al levantar mi camisón, me di cuenta que llevaba puesta mi ropa interior más vieja. Miré a mi esposo y dije: «¡Ah, no! ¡Mi madre me dijo que siempre me pusiese mi mejor ropa interior por si tenía un accidente y debía ir al hospital!»

Tuvimos un ataque de risa allí mismo en el baño. No sé hasta el día de hoy qué habrán pensado nuestro pastor y los asistentes que sucedía allí adentro, pero la risa por cierto que despejó mis temores.

Puedo enfrentarme a los tornados de mi vida, no porque deseo hacerlo, porque yo no escogería esto, sino porque Dios quiere que lo haga. Así que sé que vamos a estar bien.

La carta de esta dama demuestra que es posible encontrar humor en cualquier parte... ¡incluso en el BAÑO DE UN HOSPITAL! Todos debemos acordarnos de buscar el gozo, sin importar dónde estemos cuando nos encontremos hundidos hasta el cuello en el lodo cenagoso de la vida porque:

FLORES HERMOSAS PUEDEN CRECER SOBRE
COLINAS DE ESTIÉRCOL

MI MENTE CONTIENE MUCHAS BUENAS IDEAS,
pero no siempre es fácil exprimir una.

Ashleigh Brilliant
Disparo #3347 © 1985

La sanidad llega cuando te das cuenta que la luz al
final del túnel NO es un tren.[12]

Una persona bien informada...
es alguien que tiene los mismos puntos de vista y
opiniones que los tuyos.

Los momentos felices, esos en que te sientes plenamente vivo, sin duda existen. Pasan nadando junto a
nosotros todos los días cual peces brillantes y platea-
dos esperando ser atrapados.[13]

Cuando amo y aliento a otros...
Ensalzo a Jesús,
Sirvo a Jesús,
Imito a Jesús,
Yo, también, soy bendecido.[14]

La vida es una lucha interminable, llena de frustraciones y desafíos.
¡Pero a la larga encuentras un peluquero que te
gusta![15]

La reflexión nos llevará hasta el pie de la montaña.
La fe nos llevará hasta la cumbre.

Algunas personas se pierden en sus pensamientos porque se trata de un territorio muy desconocido.

Los seres humanos pueden vivir sin aire durante
unos minutos, sin agua durante una semana, sin
comida durante seis semanas... ¡y sin pensar
durante toda una vida!

Cuanto más te quejas, más tiempo te permite vivir Dios.

Oh Señor, feliz el pueblo que... camina alumbrado
por tu luz.[16]

5

Respuestas que no queríamos oír a preguntas que no queríamos formular

¡Sólo Dios sabe!

Cuando compartía mi hogar con cinco hombres, mi esposo Bill y nuestros cuatro hijos jóvenes, solía preguntarme qué tenía de gracioso el chiste que preguntaba:

> P: ¿Cuántos hombres se requieren para reemplazar un rollo de papel higiénico?

> R: Nadie lo sabe. ¡Nunca se ha hecho!

En aquel entonces ese acertijo era sólo uno de esos «por qué» imponderables que lograban que la vida se mantuviese interesante. ¿POR QUÉ sólo mamá podía reemplazar el rollo de papel higiénico? No parecía haber una respuesta.

Por supuesto que eso sucedió mucho antes de que muchos más «por qué» serios comenzasen a causar estragos en nuestras vidas.

Después de quedar Bill tan severamente herido en un accidente que sus doctores lo declararon «no rehabilitable» y me dijeron que sería un vegetal durante el resto de su vida, surgieron muchos por qué. ¿Por qué Bill? ¿Por qué MI esposo? Al fin y al cabo era un hombre bueno, un padre paciente, un cristiano devoto. Me preguntaba por qué esto malo nos había sucedido, pero estaba tan ocupada que no disponía de tiempo para dedicarme a las preguntas sin respuesta.

Pasé el año siguiente cuidando de él (y también de nuestros cuatro hijos) mientras esperábamos que se produjese una vacante en el hospital de veteranos más cercano, lugar donde lo admitirían para pasar el resto de su vida. (Los doctores no esperaba que viviese más de cinco años por causa de los coágulos de sangre que tenía en la cabeza.) Durante esos meses parecía haber un sinfín de variedades de formularios que debían llenarse y de beneficios tales como asistencia al ciego, seguridad social, pensión para veteranos, etc., que debían solicitarse.

Y entonces, cuando había logrado poner en orden todos los programas y después de haber recibido veinte mil dólares de la compañía de seguro como compensación por su ceguera, ¡Dios sanó a Bill!

Por supuesto que todos nos gozamos sobremanera de que Bill se integrase de nuevo a la familia como miembro activo y amante. Pero ese pequeño «¿por qué?» seguía metiéndose al pensar en todos esos formularios que llené y las largas filas en las que esperé. Estaba gozosamente agradecida por el toque sanador de Dios, ¡pero me preguntaba POR QUÉ no había sanado a Bill ANTES de que me aceptasen todos esos programas!

Desechos del techo

Usted ha sintonizado la estación de radio P-O-R-Q-U-É, la cual trasmite continuamente, las veinticuatro horas del día, desde algún sitio dentro de su cabeza.

Cuando Steven partió hacia Vietnam, una nueva categoría de preguntas sin respuesta se abrieron para nosotros. La peor empezó el día que un automóvil de U.S. Marines se detuvo frente a la puerta de nuestra casa y dos oficiales en uniforme de gala golpearon a nuestra puerta.

La muerte de Steven fue muy difícil para nosotros, y aunque no dejábamos de preguntar a Dios: «¿Por qué? ¿Por qué? ¿Por qué?», sólo escuchábamos silencio, no la respuesta que nosotros, siendo cristianos devotos, deseábamos escuchar. Sin embargo, a la larga nos produjo consuelo saber que Steven era nuestro depósito en el cielo. Y nuestras vidas volvieron a la casi normalidad... hasta esa tarde, cinco años después, que recibimos una llamada de la Real Policía Montada Canadiense informándonos de la muerte de Tim debido a un conductor ebrio en el territorio del Yukón.

A pesar de que la muerte de Steven no fue fácil de aceptar, no fue imposible. Al fin y al cabo, había estado en una zona de guerra y yo había pasado cada día angustiante desde su partida sabiendo que *podía* ser que lo matasen. La muerte de Tim, por otro lado, fue un golpe devastador. La llamada anunciándonos su muerte llegó sólo unas horas después que él mismo nos llamara desde el Yukón, diciéndonos que se encaminaba a casa desde Alaska.

Con dos hijos muertos, no sólo estaba deprimida, estaba ENOJADA. Y gran parte de mi enojo iba dirigido directamente a Dios. Unas semanas después del funeral de Tim comencé a ir en mi auto, todos los días tarde en la noche, a un basural cercano a mi casa para poder expresar mi furia a gritos sin que Bill ni nuestros otros dos hijos supiesen de esto. Sentada allí observando la pila de basura, cerraba mis puños, daba golpes al volante y gritaba «¿POR QUÉ? ¿POR QUÉ? ¿POR QUÉ?» ¿Acaso no habíamos sufrido bastante dolor con el accidente de Bill y la muerte de Steve en Vietnam? ¿Cómo podía Dios hacernos esto NUEVAMENTE? Ya tenía un depósito en el cielo; no NECESITABA otro. ¿Por qué Dios permitía que soportásemos otra pérdida como esta? ¿POR QUÉ?

No llegan las respuestas, pero la sanidad sí

La correspondencia que recibo me confirma que no soy la única madre sufriente que alguna vez se ha enfurecido con Dios, exigiendo saber POR QUÉ tal dolor desvió nuestras vidas de su curso. He aquí sólo un par de cartas enviadas por padres angustiados que se vieron colgando de preguntas sin respuesta:

> Acabamos de enterarnos que nuestra hija está involucrada en un estilo de vida lesbiano y he estado experimentando todo lo que describes en *Geranio*[...] Por primera vez en mi vida vacila mi fe en Dios.
>
> Hace muchos años perdí otro hijo que estaba enfermo de cáncer y no culpé a Dios; en Él encontré consuelo. Pero este «asunto» lesbianismo parece muy perverso e increíble. Oré por esta hija cada día de su vida y la crié en un hogar cristiano. ¡¡POR QUÉ PERMITIRÍA DIOS QUE SE METIESE EN ESTE DESASTRE?!
>
> Sé que no hay respuesta, pero esto ha dificultado que siguiese adelante con mi estudio bíblico, el coro, etc.

> A través de la lectura de la Biblia y de tus libros, y como producto de algo de consejería hemos comprendido que nuestro hijo, que de no ser por este asunto es maravilloso, dulce y cariñoso, no necesita de nuestra condenación sino más bien que lo amemos sin juzgarlo. Pero aun así nos preguntamos: ¿ESTE SERÁ REALMENTE EL PLAN DE DIOS? Tenemos tanto deseo de sentir paz con respecto a este asunto... supongo que otra vez se trata de uno de esos problemas para «entregar a Dios».

> ¿Quién sabe en realidad lo que sucede en las vidas de nuestros HIJOS? ¡SÓLO DIOS![...] No puedo creer lo que ha sucedido... pero es por eso que tenemos a JESÚS.

Aun cuando las respuestas no lleguen, si podemos ventilar

PEANUTS por Charles M. Schulz

PEANUTS impreso con permiso de
United Feature Syndicate, Inc. ©199

nuestra pena, la sanidad se va metiendo en nuestras vidas en forma casi inadvertida. Pasó mucho tiempo antes de que nos viniera después de la muerte de Tim, pero poco a poco nuestras vidas adquirieron sentido otra vez.

Después, un año más tarde, nos golpeó el anuncio de Larry de que era homosexual. Esta vez no esperé hasta la noche para gritar; grité inmediatamente... a Larry. Cité pasajes bíblicos y las leyes de Dios y, lo peor de todo, le dije: «¡Prefiero antes un hijo MUERTO que uno homosexual!»

Mis palabras airadas lo alejaron de nosotros y, poco después de ese enfrentamiento, Larry desapareció metiéndose en el estilo de vida homosexual durante once años mientras yo desaparecí, metiéndome a mi dormitorio para contar las rosas del empapelado. Las cosas empeoraron tanto que Bill estaba listo para internarme en el Hogar para desorientados, pero nuestro seguro no lo cubría, así que decidió que me quedase en casa ya que, según le dijo al doctor, «no era violenta ni nada por el estilo»

Desechos del techo

Otras definiciones obtenidas en el Hogar para desorientados:

Depresión clínica: Marca dejada por tus asentaderas en la camilla del médico.

Trastorno: Trasto que se coloca detrás del horno.

Ligadura: Lo que hace la goma de mascar entre tu zapato y el asfalto.

Opresión: Efecto de un pantalón estrecho en una gorda.

Proceso de sanidad: Enseñar a tu perro a hacer sus necesidades.2

Después de llorar mares, me sobrevino un estado de apatía.

A veces oraba, pero parecía que lo único que podía hacer era formular las mismas preguntas repetitivas: «¿Por qué, Dios? ¿Por qué MI hijo? ¿Por qué a MÍ?

Al final me di por vencida, agotada de preguntar interminablemente «¿Por qué?», comprendiendo al fin que no podría resolver este problema ni «arreglar a Larry» yo sola. En lugar de eso me imaginé clavando a Larry a la cruz junto con Jesús.

Respuestas

Listado de precios

Sí/No	$1.00
Dónde	$1.25
Cómo	$1.50
Quién	$1.75
Por qué (culpa de otro)	$1.50
Por qué (mi culpa)	$20.00

Las miradas de tonto siguen siendo gratis.

©Jeremy Iggers, 1991. Impreso con permiso del libro Off the Office Wall [De la pared de la oficina] por Jeremy Iggers, editado por Longmeadow Press.

Le entregué mi hijo al Señor y dije: «¡HAZ LO QUE QUIERAS, SEÑOR!» Pase lo que pase, él es TU hijo y tú lo amas aún más que yo, así que te lo entrego, y PASE LO QUE PASE es tu hijo. Ahora voy a seguir adelante con mi vida.

De repente, sentí un tremendo alivio como si de algún modo un millón de salpicaduras de gozo hubiesen llenado mi corazón. Desde entonces he intentado comunicar a otros el gozo que me dio el Señor a cambio de las cargas que le entregué a Él.

Lecciones desde el pozo

En los años siguientes, después de empezar a decir «¡Haz lo que quieras, Señor!», se han comunicado conmigo otros padres que encontraron el mismo alivio al no preguntar más a Dios «¿Por qué?», diciéndole en lugar de eso: «¡Aquí está mi hijo! Te lo entrego, Señor. Deseo lo que sea mejor para esta persona que quiero tanto, y eso significa entregártelo, junto con todos los problemas que esto acarrea!»

Estas cartas muestran cómo otros «padres en el pozo» han aprendido, y siguen aprendiendo, a hacer esto:

Durante el período más negro de mi vida caminaba como zombi hasta el mercado para comprar alimentos. Sabía que tenía que ir porque no quedaban alimentos en la casa y aunque lo único que deseaba hacer era quedarme en la cama y llorar, mi esposo quería comer y también mis perros. Pues bien, mientras esperaba para pasar por la caja y pagar, de casualidad miré donde estaba el *National Enquirer* [un periódico sensacionalista], y allí estaba tu libro *Geranio*[...]

Curiosamente, la noche antes había pedido a Dios que me ayudara, me diera fortaleza, me diera ALGO. Ya no me quedaba espíritu de lucha ni deseo de vivir. Le pedí a Dios que tomara en sus manos mis cargas porque ya no podía lidiar con ellas. De manera que Dios me envió tu libro. Nada puede convencerme de lo contrario.

Tu libro me ha ayudado a superar mi prueba de una hija que literalmente me partió el corazón. Tienes razón.

Hay épocas de yo-yo. Y el sol sigue saliendo cada mañana pase lo que pase.

P.S. Si no me perdiese con tanta facilidad, probablemente hubiese ido al basural también.

Ha sido un proceso largo y penoso, soltar y entregar las riendas a Dios, pero Barbarita, al fin he llegado. Verdaderamente creo que este es un asunto entre mi hija y Dios. Él será el que juzgue, y sólo Él conoce su dolor y sus luchas.

¡Te debo una disculpa! Mi hijo joven adulto me despedazó el corazón de conducto a conducto, y fui desarrollando una desesperanza totalmente desconocida para mí. Cuando estaba «hundiéndome por última vez», mi amiga me dio *Ponte una flor en el pelo.*

Leí tu libro con el corazón desesperanzado[...] convencida de que era probable que estuvieses sufriendo en una gran caja de negación. Hasta te llamé la «líder de la Tierra de los perdidos».

Pero saboreé tu gozo, y finalmente tengo la capacidad de amar a mi hijo como siempre y confiar que Dios aún no ha acabado su obra en él. Qué completo es el alivio que produce volver a tener esperanza[...] ¡Oro por ti al ayudar a las personas que como yo sufren de «endurecimiento del corazón»!

Al ver las cartas que he mostrado en este libro, tal vez tengas la impresión de que no siempre me resulta fácil leer toda mi correspondencia todos los días... ¡y tienes razón! Contienen mucho dolor esas páginas. A veces necesito hacer algo bastante alocado para evitar volver a caer en el pozo yo misma. Después de leer una partida de cartas particularmente punzantes, fui al correo de La Habra en el mes de julio y los jardineros de la ciudad podaban los árboles perennes del frente. Con tantas pilas de recortes verdes que había por todas partes, ¡se percibía un penetrante y maravilloso aroma de NAVIDAD!

Eso bastó para levantarme el ánimo. Pero por supuesto que nunca quedo satisfecha hasta poder *contar a otro* mi gozo, de modo que rápidamente me puse a buscar mi próxima «víctima».

Las puertas del correo sólo se abren hacia afuera y casi siempre tengo los brazos cargados a más no poder de sobres y paquetes, así que tengo que esperar hasta que algún alma caritativa se aproxime para abrirme la puerta. No tuve que esperar mucho ese día. Un bondadoso hombre mayor vino y abrió la puerta. Le sonreí y dije alegremente: «¿No le parece que hay olor a NAVIDAD por aquí?»

Sonrió a medias de una manera distraída, mientras quizás pensaba que era bastante raro que alguien estuviese hablando de Navidad en julio. Se dirigió hasta donde estaba el empleado postal y yo me dirigí al buzón. De alguna manera acabamos saliendo del correo al mismo tiempo. El hombre de expresión sombría estaba detrás de mí, y no estoy segura de lo que me sobrevino, pero me incliné para levantar un trocito de los recortes de coníferas y me lo puse en la boca. Después me di vuelta y con la puntita de siempreviva asomándose entre mis dientes dije: «¿Sabe una cosa? ¡Por aquí incluso se percibe SABOR a Navidad!»

Su mirada sorprendida valió para mí un millón de dólares. Me reí durante todo el trayecto de regreso a casa, recordando su expresión atónita y saboreando ese aroma y ese gusto que ninguna otra persona notaría siquiera, ¡excepto que estuviese completamente loca como nosotras las madres fracturadas!

Desechos del techo

Imponderables del juego de la vida:
- **¿Por qué existen carreteras *interestatales* en Hawaii?**
- **Si atases una tostada untada con jalea al lomo de un gato y dejases caer el gato desde el techo, ¿caería la**

tostada con el lado untado hacia abajo o caería el
gato parado?
- ¿Por qué comida ya se comió si comida es por comer?

Cómo saber cuando uno está
en la senda de la recuperación

Al pensar en ese hombre sorprendido me viene a la memoria una historia de un hombre que volvía del trabajo a su casa
viajando en un tren subterráneo atestado de gente. Ya de por
sí, este hombre tenía una tendencia a enfermarse por el movimiento, además había comido un almuerzo abundante y había trabajado toda la tarde con el estómago descompuesto.
Forzó su entrada al vagón del subterráneo, siendo la última
persona que lograse entrar cuando la puerta se cerró automáticamente.

Se balanceaba allí ante la puerta del tren mientras las señales en el túnel del subterráneo parecían pasar frente a su nariz
como un destello a ciento cuarenta kilómetros por hora. Cuanto más permanecía allí sacudiendo y balanceándose en el tren
veloz, más se enfermaba.

Al fin el tren se detuvo chirriando, pero desafortunadamente no era la parada del hombre descompuesto. Varias personas
estaban amontonadas en la plataforma aguardando subir. El
tren se detuvo, las puertas se abrieron automáticamente y de
repente ¡EL HOMBRE ECHÓ SU ALMUERZO... encima del
tipo que esperaba al frente de la multitud que aguardaba subir
al tren! El pobre hombre de la plataforma quedó tan sorprendido que sólo atinó a permanecer allí parado sintiéndose
atrozmente disgustado... junto con todos los demás en el
pequeño grupo horrorizado.

Después, antes de que ninguno pudiera moverse, se cerra-
ron las puertas, el tren siguió su recorrido y el pobre hombre
se encontró todavía parado en la plataforma, cubierto por el
almuerzo de otro hombre. Girando, miró al hombre detrás de
él y dijo: «¿POR QUÉ YO?»

Esta es una perfecta ilustración de una actitud EQUIVOCA-

DA para responder ante las pruebas de la vida. En lugar de preguntar «¿POR QUÉ A MÍ? ¿POR QUÉ ESTO? ¿POR QUÉ AHORA?», el apóstol Santiago nos recuerda que las pruebas son inevitables y que debiéramos tener «sumo gozo» porque la prueba de nuestra fe «produce paciencia».[3]

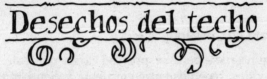

Desechos del techo

Una forma de lidiar con el estrés:
Acuéstate de espalda para comer apio,
usando el ombligo como salero.

No cabe duda que haría falta bastante paciencia y una dosis bien FUERTE de regocijo para considerar como «sumo gozo» que te caiga encima el almuerzo de otro (las madres quizás tengan mayor experiencia en este sentido que los padres). Pero *sí es* posible responder de este modo si te han inoculado con un fuerte sentido del humor... y si te tomas un poco de tiempo para pensarlo.

A todos nos toca pasar por tragedias en nuestras vidas durante las cuales atacamos a Dios y preguntamos: «¿POR QUÉ PERMITISTE QUE ME SUCEDIESE ESTA COSA TERRIBLE?» En ese momento necesitamos dar un vuelco a las cosas y decir: «¡HAZ LO QUE QUIERAS, SEÑOR!» y buscar después el tesoro contenido en la nube en lugar del tornado que gira en su oscuro interior.

Sabemos que cualquier cosa que envíe Dios a nuestras vidas ha pasado primero por su filtro; NADA entra a la vida de un cristiano sin que Dios no lo sepa. Al creerlo, podemos descansar y saber que Dios estará con nosotros durante las pruebas que nos aguardan.

Cuando «¡HAZ LO QUE QUIERAS, SEÑOR!» reemplaza a «¿POR QUÉ A MÍ?», puedes saber que estás creciendo mediante tu dolor. Aparece un cartel que dice SALIDA, aun cuando puede estar allá lejos a la distancia, y comienzas a creer que tu «experiencia en el horno de fuego» a la larga acabará.

Con el tiempo hasta es posible que mires hacia atrás y veas cómo la promesa de Dios en Romanos 8.28 ayudó a bien en tu vida.

Preséntate con estilo

En alguna parte leí que por cada cosa que sale mal en nuestras vidas, tenemos entre cincuenta y cien bendiciones. Lo que debemos hacer es aprender a identificarlas, pasar más tiempo contándolas... ¡y a dar gracias por ellas!

En lugar de calzarnos las pantuflas de tristeza, es necesario que nos cubramos con el «manto de alegría» que se describe en Isaías 61.3. Este manto luce bien en toda ocasión, ¡y lo mejor de todo es que es de UNA TALLA APTO PARA TODOS! Nunca quedará demasiado ajustado ni demasiado bolsudo. No cuelga de un lado, ni se sube por la espalda. Es largo hasta el suelo y cubre todos los defectos de la figura. Puede levantar al espíritu más abatido y descansa sobre nuestros hombros dándonos el abrigo del amor especial de Dios. No importa cuál sea el color de tu cabello (ni si *tienes* apenas cabello), Dios promete que el manto de alegría nos quedará bien.

Cómo buscar gozo y aprender a reír otra vez

Todavía no conozco las respuestas a todos los «porqué» que han agitado mi vida, pero ya no NECESITO conocerlas. En lugar de cuestionar a Dios, he aprendido a descubrir las formas en que Él ha usado estas experiencias para bien... para sintonizar bien nuestro crecimiento espiritual.

Por ejemplo, cuando Bill y yo comenzábamos a recuperarnos de la muerte de Steven, empezamos a comunicarnos con los padres de aquellos cuyos nombres veíamos aparecer en las lista de caídos en la Guerra de Vietnam. Nos esmerábamos por darles el consuelo de la Palabra de Dios. De allí nació Ministerios Espátula. Este nombre surgió durante una reunión de personas que brindaban apoyo a la línea telefónica de auxilio.

Cuando me preguntaron lo que necesitaba para llevar a cabo mi trabajo, respondí: «Unas veinte espátulas para despegar a los padres del techo».

El anuncio de Larry nos condujo a un nuevo mundo de dolor y pronto expandimos el ministerio para buscar a los padres cristianos de otros homosexuales. Nuestra meta siempre ha sido ayudar a los padres a aprender a amar a sus hijos *incondicionalmente*, como Cristo nos ama a nosotros.

Estas «cosas buenas» que surgieron a partir de los problemas de nuestra familia, no borran el dolor, pero sí nos lo diluyen. Y el gozo de rebote que ha venido a partir de nuestro acto de extendernos hacia otros nos ha ayudado a reír otra vez. Nos encanta recibir cartas como las siguientes:

> Últimamente he estado practicando tu actitud gozosa y ha sido en verdad divertido. Por ejemplo, mi amiga y yo estábamos bastante malhumoradas al trasladarnos en automóvil a uno de nuestros lugares de trabajo. Detuve el auto frente a un campo donde pastaba un hermoso caballo y dije: «Busquemos un poco de gozo. Mira cómo llamo a este caballo hasta la cerca».
>
> Mi amiga dijo: «Mujer, ese caballo no se te acercará».
>
> Así que, lo llamé utilizando mi antiguo llamado para caballos (¡Cuuda! ¡Cuuda!) y ese caballo se me acercó como si fuésemos viejos amigos. Mi amiga se rió con ganas, el caballo recibió unas buenas caricias y yo me gocé con ambas cosas. ¡Da resultado!

Como testimonio de la gracia de Dios, Él me ha dado muchos incidentes graciosos para ayudarme a sobrevivir... como la vez que encontré a mi esposo y a mis hijos saltando juntos alegremente sobre nuestra cama.

Aprende a buscar gozo a dondequiera que vayas. Cuando tus dificultades te estén causando un dolor de cabeza gigante, recuerda que la corona de hierro del sufrimiento precede a la corona de oro de gloria... ¡esa es la que llevaremos puesta ese glorioso día cuando estemos en el cielo saltando de gozo con nuestro Padre celestial!

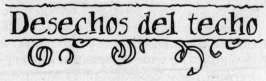

Cuando casi había conseguido la respuesta, ¡olvidé cuál era la pregunta!

Ashleigh Brilliant
Disparo #216, ©1971

Al leer cada día mi correspondencia, desearía que más padres pudiesen encontrar un poco de gozo para aliviar su dolor. Simpatizo con estos padres, porque he estado donde ellos se encuentran. Y al leer sus cartas, no puedo evitar pensar:

SI TIENES EL MISMO TIPO DE PROBLEMAS
QUE TENGO YO...
¡POR FAVOR BUSCA AYUDA DE INMEDIATO!

Ashleigh Brilliant
Disparo #3392, © 1985

Entrega tus problemas a Jesús y luego concéntrate en asignar orden a tus prioridades. Te harán falta todas tus facultades mentales para sobrevivir a lo que te esté esperando JUNTO al recodo del camino, sobre todo si eres el que practica la actitud de catástrofe crónica:

Esto es absolutamente lo peor que puede suceder...
¡A no ser, por supuesto, que empeore!

Cuando te encuentras atrapado en una red de «por qué» sin respuesta, imagina que tus problemas son una masa retorcida de lana con tal cantidad de nudos que resulta imposible llegar a desenmarañarlos. Luego imagina que dejas caer los enredos de tu vida en las manos de Dios y LOS DEJAS ALLÍ, sabiendo que sólo Dios podrá desenmarañar las hebras de nuestras vidas.

El dolor más difícil de soportar

Para muchos cristianos lo que más duele es preguntarse por qué Dios permitiría que semejante tragedia ocurriese a personas que intentan amar y servirle. Si fuésemos ladrones o asesinos desalmados, tal vez tendría sentido... tal vez podríamos aceptar que las cosas malas nos sucediesen como un destino merecido.

Pero la mayoría de los padres que se comunican conmigo son cristianos devotos, personas que han educado en amor y se han esmerado por obedecer las leyes de Dios y enseñar a sus hijos a vivir teniendo a Jesús como modelo. Estas son las personas que anhelan hacer la voluntad de Dios y servirle en

todo lo que hacen. De modo que cuando su mundo se les desmorona de repente, el dolor resulta aun más devastador al quedar de pie entre los escombros, levantar sus rostros hacia el cielo y exclamar: «¿Por qué, Señor? ¿Por qué yo? ¿Por qué mi hijo?» Y de nuevo, las respuestas amenazan ser: *¡Dios NO me ama! He metido la pata. Soy un fracaso, una desilusión para Dios.*

Si descubres que te ahogas en estos sentimientos, he aquí algunos pasos que puedes dar para llegar a sobrevivir:

Primeramente, reconoce lo que sucede. Estás empacando tus maletas para recorrer inútil e interminablemente tus culpas, en el País de Confusión. ¡Si sigues así, pronto descubrirás que vas descendiendo con paso tambaleante por el camino que lleva al Hogar para desorientados! Deja de condenarte y en lugar de eso concéntrate en el amor de Dios por ti.

Deja de preguntar *¿Por qué?*, aferrándote en cambio a las promesas de Dios. Después de la terrible explosión ocurrida en el edificio federal de Oklahoma City el año pasado, el Rvdo. Billy Graham dijo a las familias sufrientes que se habían reunido para un servicio fúnebre: «Se me ha preguntado por qué Dios lo permite. No lo sé. No puedo dar una respuesta directa. Debo confesar que nunca alcanzo a comprenderlo todo. Debo aceptar por fe que Dios es un Dios de misericordia, amor y compasión aun en medio del sufrimiento».[4]

Me agrada el recordatorio que ofreció otro predicador: «El peor tipo de blasfemia es pensar que Dios está detrás de todo tu sufrimiento y dolor[...] Dios no es el autor de la confusión en tu vida. Tampoco lo eres tú». En cambio, vuélvete al Padre celestial que es nuestro gran Consolador en tiempos de tristeza. Jesús prometió: «Venid a mí todos los que estáis trabajados y cargados, y yo os haré descansar».[5]

En segundo lugar, no temas clamar y suplicar a Dios pidiendo su ayuda. Cuando sufres, vete a algún lugar donde puedas volcar tus sentimientos. Quizás sea tu baño o tu dormitorio o tu ropero; ¡en mi caso fue el basural más cercano! No te contengas. ¡Suéltate y *despéjate*!

Recuerda que cuando Dios te creó, te *dio* emociones. Te *dio* lágrimas para ayudar a drenar el absceso de dolor que ha quebrantado tu corazón. Y cuando lloras, recuerda que estás bien acompañado. Al fin y al cabo, Jesús lloró también cuando quebrantaron su corazón.[6]

Leí una composición que contaba la reacción de una persona al enterarse que padecía de cáncer terminal. Dijo: «Lo primero que haces[...] es llorar hasta que no te queden lágrimas. Después empiezas a acercarte a Jesús hasta saber que sus brazos te sostienen con fuerza».

Después de que Larry desapareciese metiéndose en el estilo de vida homosexual, lloré mucho. En cuanto Bill salía para el trabajo cada mañana y yo quedaba sola en la casa, me acostaba sobre mi cama y lloraba con fuerza, gimiendo de la manera más angustiada imaginable. Era ruidoso... pero daba resultado. Cada día cuando dejaba de llorar, me sentía purificada. Mi corazón seguía sintiéndose aplastado, pero sabía que me sería posible sobrevivir un día más.

Ahora recomiendo esta «técnica» a personas cuyo dolor sigue fresco... y eso incluye a hombres y mujeres por igual. He leído que algunos sicólogos incluso sugieren que las personas que sufren programen un período de llanto cada día para ayudarlos a liberar su dolor.

En mi caso, el mejor lugar para hacerlo era mi cama. Me acostaba y dejaba que fluyesen las lágrimas. Pero si a usted le preocupa que otros los escuchen, tal vez quiera llorar en la ducha. O encender la aspiradora o la radio para apagar sus aullidos. Lo importante es soltarse. Liberar su dolor. Llore larga y fuertemente, y sienta el alivio que le produce.

Algunos padres golpeados por el dolor temen que si diesen rienda suelta a este tipo de llanto no podrían detenerse, pero eso no es cierto. A la larga las lágrimas *sí* se detendrán. Y cuando te des cuenta de la tremenda liberación que te produce llorar, y cuando recuerdes que *todos* tus sentimientos Dios los acepta, a decir verdad fue Dios el que te *dio* la capacidad de ser una persona que siente y se interesa, podrás concentrarte en usar tus lágrimas para la restauración.

En tercer lugar, repite una vez tras otra que ¡ESTO TAMBIÉN PASARÁ! LOGRARÁS sobrevivir. Recuerda que eres un hijo de Dios y que Él tiene «planes de bienestar y no de calamidad, para daros un futuro y una esperanza».[7] Él ha prometido estar contigo siempre, sin importar en qué tipo de pozo ciego te encuentres atrapado. Él ha prometido:

> Cuando pases por las aguas,
>   yo estaré contigo,
> y si por los ríos,
>   no te anegarán;
> cuando pases por el fuego,
>   no te quemarás,
>   ni la llama te abrasará.[8]

Tal vez al principio resulte difícil creer esa promesa. A veces uno se tiene que esforzar. Vete a un sitio tranquilo, cierra los ojos e imagínate pasando por el río rugiente, con Jesús a tu lado, y llegando con seguridad hasta la otra orilla. Imagínate parado allí en el horno de fuego del rey Nabucodonosor con Sadrac, Mesac y Abed-nego, ¡y Jesús!, y escucha los gritos incrédulos del rey y sus soldados al ver que «sueltos[...] se pasean en medio del fuego sin sufrir ningún daño».[9]

El dolor ES inevitable. No lo podemos prevenir, ni a veces lo podemos detener una vez que empieza. Pero podemos DECIDIR no ser desdichados. Invita a Jesús para que entre a tu horno de fuego contigo, y Él pondrá sus manos de amor debajo de ti y te levantará en sus fuerte brazos de protección. *Entonces, como el salmista, podrás decir:*

> Te ensalzaré, oh SEÑOR,
>   porque me has elevado,
>   y no has permitido que mis enemigos
>   se rían de mí.
> Oh SEÑOR, Dios mío, a ti pedí auxilio
>   y me sanaste.
> Oh SEÑOR, has sacado mi alma del Seol;
>   me has guardado con vida
>   para que no descienda al sepulcro[...]
> El llanto puede durar toda la noche,
>   pero a la mañana *vendrá* el grito de alegría[...]
> Tú has cambiado mi lamento en danza;
>   has desatado mi cilicio y me has ceñido de alegría.[10]

¡No aflojes!

Aferrémonos a Jesús

Cuando descubres que te estás deslizando hasta el final de la soga, hazle un NUDO y no aflojes. ¿Acaso sabes lo que es ese nudo en la punta de la soga? ES ESPERANZA, ¡y nuestra esperanza es JESÚS!

Si decimos que una situación carece de esperanza, estamos dando un portazo en la cara de Dios. En lugar de eso, debemos ser como el niñito que se quedó largo tiempo en la parte de arriba de una escalera mecánica, mirando fijamente, hasta que alguien le preguntó lo que hacía. Con paciencia, respondió: «Pegué mi goma de mascar en ese pasamanos negro, ¡y estoy esperando que vuelva!»

Al igual que ese muchachito, debemos creer que nuestra felicidad SÍ regresará. La desdicha SÍ se acabará y nuestro gozo volverá.

Aprendamos a lidiar con la situación mientras seguimos aferrados a la esperanza

Inculcar esperanza es parte de la meta de Ministerios Espátula, pero mientras nos aferramos a la ESPERANZA, también debemos seguir lidiando con el asunto, y eso puede requerir que pongamos en práctica todas nuestras destrezas. Una madre escribió diciendo que lograba sobrellevar la situación disfrutando de momentos agradables con su hijo homosexual, en lugar de estar siempre tratando de descubrir alguna señal de cambio. Ella nos dio este consejo:

TRANQUILÍZATE Y DISFRUTA DEL TIEMPO
QUE PASEN JUNTOS...
¡A PESAR DE LO DIFÍCIL QUE RESULTE!

Amar a nuestros hijos rebeldes de la manera que los ama Dios significa amarlos INCONDICIONALMENTE y aceptar que sólo Dios puede producir en ellos cambio alguno. Para muchos padres, eso significa cambiar su actitud. Lo cierto es que el dolor nos cambia a todos. Después de cualquier tragedia acabamos siendo personas diferentes de las que éramos antes. Podemos acabar siendo más fuertes y más comprensivos de los problemas de otros, o podemos acabar siendo cáusticos y cínicos. ¡Francamente, quizás resulte más sencillo quedar amargado! Pero con seguridad esa no es la mejor alternativa. Y hay ayuda disponible, con sólo pedirla. Recuerda estas promesas que nos fortalecen:

Todo lo puedo en Cristo
que me fortalece.[11]

Mi socorro *viene* del SEÑOR,
que hizo los cielos y la tierra.[12]

Cómo entender lo que no necesitamos entender

James Dobson, en su libro, *Frente a la vida*, dijo: «Si tú crees que Dios tiene la obligación de explicarnos su conducta, deberías examinar[...] la Biblia[...] Desde luego, la Biblia nos dice que nosotros carecemos de la capacidad para comprender la mente infinita de Dios o la manera que Él interviene en nuestras vidas. Qué arrogantes somos cuando pensamos lo contrario. Tratar de analizar su omnipotencia es como si una ameba tratara de comprender el comportamiento del ser humano».[13]

Para ilustrar este punto nos señala pasajes tales como los siguientes:

«Gloria de Dios es encubrir un asunto».[14]

«Las cosas secretas pertenecen a Jehová nuestro Dios».[15]

«Como tú no sabes cuál es el camino del viento, o cómo crecen los huesos en el vientre de la mujer encinta, así ignoras la obra de Dios, el cual hace todas las cosas».[16]

«Porque mis pensamientos no son vuestros pensamientos, ni vuestros caminos mis caminos, dijo Jehová. Como son más altos los cielos que la tierra, así son mis caminos más altos que vuestros caminos, y mis pensamientos más que vuestros pensamientos».[17]

El doctor Dobson explica: «Lo que esto quiere decir[...] es que muchas de nuestras preguntas, especialmente las que empiezan con las palabras «por qué», tendrían que quedarse sin respuesta por ahora».

En lugar de buscar respuesta a las preguntas que no las tienen, busca el gozo en la vida que te ha sido dada y:

Permítete estar gozoso de estar con vida.
Ten genuina felicidad a pesar de tu condición.
Disfruta de la risa.
La encuentras por todas partes una vez que empiezas a buscarla.[18]

La medicina de Dios

Como dijo Henry Ward Beecher: «El júbilo es la medicina de Dios»,[19] y sin duda, ¡NADA es tan potente como una receta de Dios mismo! Me encanta saber de personas que descubrieron qué buen resultado da la «medicina de Dios». Descubrieron maneras de disfrutar de la vida a pesar de las tragedias que esta les trae.

Después de doce años de ser HIV positivo, mi hermano se unió al resto de mi familia para Navidad. Nos sentimos bendecidos y gozosos. El simple hecho de estar juntos otro año era ocasión de regocijo. Desde que nos enteramos de la enfermedad de mi hermano, mi hijo también recibió el diagnóstico de HIV; lo perdimos hace tres años.

He aprendido a exprimir cada gota de gozo de la vida y apreciar todo lo que es bueno. He aprendido a vivir de día en día[…] Y he aprendido que cuanto más comunicamos a otros más francos se vuelven en cuanto a estas luchas que no podían contar a nadie.

Esta querida mujer ha aprendido lo que nos dice la Biblia una vez tras otra: Una disposición alegre es MUY importante. Proverbios nos enseña:

> El corazón alegre es buena medicina,
> pero el espíritu quebrantado seca los huesos.

y:

> Para la mujer que está afligida, todos los días son malos; para la que está contenta, son una fiesta constante.[21]

Querida Bárbara:

Ya he ensayado bastante para el Rapto. ¿Podrías llamar a Dios por tu línea directa y decirle que estamos listos?

Para obtener un diagnóstico barato de depresión, sométete a una prueba de depresión de prensa barata: Camina por la fila de la caja registradora y lee los titulares de los periódicos sensacionalistas. Si puedes hacerlo sin que se te escape una sonrisa, ¡es muy probable que estés SERIAMENTE DEPRIMIDA! He aquí un ejemplo:

• Relámpago convierte inodoro en silla eléctrica

- Esposo miope asustado por peluca de su esposa... ¡Pensó que era una rata!
- Predicador se enloquece y ahoga a una mujer durante bautismo en el río
- Corazón de muerto se revive con cables de arranque... Mecánico de pensamiento veloz devuelve vida a víctima[22]

Se escuchó en un gimnasio: «Mi esposo no necesita un programa de entrenamiento físico. ¡Logra hacer bastante ejercicio saltando a conclusiones, perdiendo los estribos, rebajando a mi madre, azotando a los chicos, clavando a sus amigos por la espalda, esquivando responsabilidades y forzando su suerte!»[23]

Cartas reales de preguntas y quejas enviadas a columnas de periódicos dedicados a la asistencia al consumidor:

- «Tres meses después de comprar un sofá, se ha producido una hendidura en el sitio donde me siento».
- «Compré una butaca reclinable. Tiene una falla en el brazo».
- «Cuando muera, ¿será posible que declaren al cuerpo legalmente muerto?»
- «¿Viven las cucarachas dentro de los caños de la cloaca junto con las aguas servidas o será que simplemente andan dando vueltas por los caños bajo tierra?»
- «He tenido dos accidentes, ambos con conductores no asegurados y no los han arrestado. Anda circulando por ahí alguna historia que dice que es mi culpa. ¡Ese no es el punto en cuestión!»
- «Las instrucciones que acompañan a mi acondicionador para cabello dicen que debo escurrir el exceso de agua del cabello y agitar bien antes de usar, pero me produce dolor de cabeza agitar con tanta fuerza».
- «¿Cuántos pies cuadrados hay en un lote?»
- «El doctor dijo que debía deshacerme de tres lunares que tengo en la espalda. Ni siquiera puedo verlos... ¡Así que ni hablar de alcanzarlos a fin de eliminarlos!»

- «¿Dónde puedo obtener información acerca de cómo llegar a ser operario de una planta de energía nuclear?»
- «¿Alguna de las funerarias de por aquí practican la cremación? De ser así, ¿existe la posibilidad de que lo consigas antes de morir para asegurarte de que lo tengas?»
- «Adjunto fotografías a color de mi hernia y quisiera que me dijese qué tipo de vendaje debería adquirir».
- «Una vez a la semana juego bolos con las muchachas. ¿Quemo suficientes calorías para tomar un postre helado después?»[24]

El secreto de la juventud perpetua:
Mentir acerca de tu edad.

La mente es como un televisor:
Cuando se pierde la imagen,
es bueno cortar el sonido.[26]

La mayoría de las personas tienen mentes
como concreto:
revueltas o permanentemente consolidadas.[27]

Necesitamos cuatro abrazos diarios para sobrevivir.
Necesitamos ocho abrazos diarios para mantenimiento.
Necesitamos doce abrazos diarios para crecimiento.[28]

Dentro de algunos de nosotros hay una persona delgada
que lucha por salir... pero casi siempre puede sedarse
con unos pocos pedazos de cake de chocolate.

Composición sobre los padres escrita por una niña:

El problema de los padres es que son tan viejos cuando los conseguimos que resulta difícil cambiar sus hábitos.

Hay un tiempo señalado para todo...
tiempo de llorar,
y tiempo de reír...[29]

6

¡Aquí estoy con mi estrés sin saber a dónde ir!

Cómo ser desdichada en un mundo lleno de gozo.

*C*uando Bill y yo iniciamos los Ministerios Espátula hace varios años, trabajábamos con padres dolidos que intentaban sobrellevar la pérdida de su hijo ya sea por muerte o por adoptar el estilo de vida homosexual. Ahora cuando nos inundan cartas de padres que lidian con varias tragedias en forma simultánea, ¡los tiempos iniciales cuando la mayoría de los habitantes de Espatulalandia lidiaban con «un» problema único parecen los «buenos tiempos»!

Ahora no es raro escuchar de un padre golpeado por la pena que intenta mantener su cordura mientras trata de sobrellevar la homosexualidad de uno de sus hijos, la adicción a drogas de otro, el mal de Alzheimer que sufre uno de sus padres y la muerte de un cónyuge. «También», es posible que la persona que escribe la carta agregue: ¡«mañana me harán una mastectomía»!

He aquí una pequeña muestra de la amplia gama postal que llega en mi correspondencia todos los días:

Esto ha sido más de lo que podría soportar si no fuese por

el Señor. Mi matrimonio ha sido una pesadilla... Nuestra hija sigue intensamente metida en el estilo de vida homosexual y me guarda mucho resentimiento. Otra hija ha estado con amenaza de aborto de modo que está confinada a reposo absoluto hasta que nazca el bebé, así que sus hijos están viviendo conmigo. Me resulta particularmente difícil porque todavía sufro repercusiones de un reciente caso de neumonía. En verdad, Satanás me ha atacado de toda manera posible. ¡Estoy colgando de las yemas de los dedos, pero estoy al borde mismo!

Mi esposo ha estado luchando contra el cáncer durante dos años: cirugía, radiación, quimioterapia y aun así volvió. Hace tres años que no sabemos de nuestra hija.

Mi hijo acaba de informarme que es homosexual. Ha dejado a su esposa embarazada y a sus hijos después de decirle que ha tenido varias relaciones mientras estaban casados. No hace falta que te diga el dolor y la tristeza que experimentamos en este momento. Estamos preocupados, no sólo porque quizás contrajo SIDA, sino también porque puede haberlo pasado a su esposa y a su hijo que aún no ha nacido.

Nuestra familia ha sido devastada por la reciente «revelación» de nuestro hijo. Hoy él y algunos de sus «amigos» aparecieron en un programa televisivo de debate... «para divertirnos un rato», dijo él. No pude mirarlo. Mis otros hijos están molestos y preocupados acerca de ir a cualquier parte y que la gente pueda hablar de este programa y lo que su hermano dijo allí.

Siento el crudo dolor de una madre cuyo hijo está en las

garras de las drogas. La noche que verdaderamente entregué a mi hijo a Dios y dije: «No lo volveré a llevar conmigo», su casa la consumió un incendio. Me mantengo ocupada y oro constantemente, pero ¡SIENTO TANTO DOLOR!

Considerando todo el tormento que los niños suelen causarle a sus padres, me viene a la mente esa caricatura que muestra a dos padres reaccionando con sorpresa mientras su pequeño hijo le anuncia: «¿Tienen por costumbre dormir toda la noche, salir después de las siete de la noche, comer en restaurantes? ¿Están acostumbrados a ropa limpia y muebles que parecen nuevos? ¡Estoy aquí para cambiar todo eso!»

Ante el anuncio del bebé, algunos de nosotros los padres más experimentados posiblemente agregaríamos: «¡Eso ni siquiera es la mitad!»

Las frustraciones diarias sí nos desgastan, pero cuando uno agrega a eso pena, pérdida o fracaso, la carga puede parecer abrumadora. Nuestra única esperanza es Dios, que promete estar «cerca del quebrantado», sostenernos y darnos valor,

Los técnicos de mamografía hacen magia... ¡Convierten tus tazas En platos!   Patsy Clairmont

sabiduría y esperanza. Muchos de estos padres ya han aprendido que Dios siempre guarda sus promesas. Cuando escribí para solicitar permiso para usar una de las cartas que incluí anteriormente, la mujer me contestó sin demora:

Barbarita, ¡el Señor es bueno y verdaderamente nos ama! Mi esposo perdió su batalla contra el cáncer, pero nuestra hija alcanzó a llegar al hospital a tiempo para que él todavía la reconociera y nos hemos acercado de nuevo. Y lo más glorioso de todo, al asistir a un grupo de apoyo conocí a un hombre maravilloso que perdió a su esposa enferma de cáncer. En realidad creemos que Dios nos ha unido y que nuestro propósito en la vida es servirle. Nos casamos en agosto pasado. ¡La vida es buena, Dios es bueno y nosotros hemos sido bendecidos!

No resulta fácil enfrentar mis problemas uno a uno, cuando rehúsan formarse en fila

Adaptado con permiso de
Ashleigh Brilliant Disparo #3317, ©1985.

Cómo reír en la tormenta

Un fuerte sentido del humor puede ayudarnos a sobrevivir cualquier situación, pero la risa no hace que *desaparezcan* nuestros problemas. Las crisis tan grandes no pueden resolverse mediante la formulación de deseos. En lugar de eso, nos aferramos a la gracia que Él nos da para tolerar *el presente* y confiamos que Él llevará nuestras cargas en sus manos fuertes y amorosas... *¡y entonces* reímos!

La gracia de Dios es un milagro en sí. Así lo describió una escritora:

> La gracia es renacimiento, transformación, esperanza.
> Es redención, clemencia de Dios, una respuesta divina al clamor desamparado de la humanidad: «¡Me caí y no puedo levantarme!»[...]
> La gracia siempre está[...] una mano extendida, esperando ansiosamente que levantemos nuestros ojos de nuestra desdicha y escojamos la vida.[1]

Cuando aceptamos este maravilloso regalo de gracia, quedamos en libertad para reír a pesar de las angustias terrenales que nos hunden... como lo hace la que escribe la siguiente carta. No te dejes engañar; hay mucho dolor en sus palabras, pero si lees entre líneas verás que nos invita a reír junto con ella:

> Barbarita, al recibir hoy tu carta ni siquiera quería leerla por estar demasiado apesadumbrada. Cuando al fin decidí que ya era hora de abrirla y recibir un estímulo del ánimo, también me di cuenta que era hora de hablar de los puntos sobresalientes del año pasado:

Enero:	Cuarto ataque de bronquitis.
Febrero:	Cinco días de gripe... perdí el conocimiento y me mordí el labio con el fijador de la articulación temporomandibular.
Marzo:	Uñas encarnadas de los pies: Ambos dedos gordos cortados a ambos lados hasta la base de la uña SIN ANESTESIA.
Abril:	Usando zapatos viejos debido al dolor en los

dedos. Me caí y fracturé una costilla... no hay problema.

Mayo: Descubrí que el dolor del pie subió por mi pierna... metiéndose en mi último disco lumbar. Mil dólares de estudios incluyendo un mielograma. Se descubrió nervio ciático pinchado (¡mi *último* nervio!).

Junio: Descubrí alergia al antidepresivo que he tomado durante veinticinco años. Debí decidir rápidamente qué hacer.

Julio: Pierna, espalda, siguieron doliendo. Anduve renqueando en medias elásticas. Probé primer antidepresivo nuevo... dormí tres semanas y caminé como zombi.

Agosto: Probé segundo antidepresivo. Como beber agua.

Septiembre: Tercer antidepresivo. Dolor tan intenso de espalda y pierna que no noté si dio resultado.

Octubre: Fui al hospital sola a las seis de la mañana conduciendo camión para que me hicieran otro mielograma. Esposo no logró que en su trabajo le dieran el día libre.

Noviembre: Hospitalizada durante treinta y dos horas para remover quirúrgicamente disco rupturado y espolón de hueso. (No te retienen mucho tiempo... sólo te cobran un montón de $$$.)

Noviembre ??:
               Día de Acción de Gracias... en alguna parte.

7 de diciembre:
               Hospitalización de mamá para implantación de marca pasos. Tiene ochenta y seis años.

24 de diciembre:
               Trajimos suegra a casa durante dos días para Navidad. Nuevo tren modelo de esposo corriendo por toda la sala de estar familiar, viejo tren corriendo por toda la sala principal. ¡FESTEJAMOS NAVIDAD EN EL BAÑO!

7 de enero: Festejo del cincuenta y cuatro cumpleaños en cama con virus.

13 de enero: Viernes 13. ¡¡¡Involucrada en accidente de cuatro automóviles camino a una funeraria para velatorio!!! Llevada de urgencia a la sala de emergencia del hospital, tratada y dada de alta con tórax aplastado, hematoma sobre ojo izquierdo y otras heridas. ¡NO FUE MI CULPA!

Aparte de eso, todo anda bien y mejorando para la primavera. Hay bastantes más cosas desagradables, pero lo bueno es... ¡fantástico! ¡ESTOY VIVA! ¡Tengo comida, vivienda y por primera vez en treinta y dos años, mi esposo SALIÓ DEL TRABAJO (para venir hasta el lugar del accidente)! Siempre hay un lado bueno. Tal vez se esconda, pero ¡LO ENCONTRARÁS!

Las fiestas son las que más duelen

Esta querida mujer tuvo un año estresante, pero como verás, ¡sigue mirando el lado bueno de las cosas! Y como podrás ver también, algunos de sus momentos más estresantes parecen haber ocurrido alrededor de las fiestas. Estos momentos que se supone sean felices pueden resultar especialmente difíciles para los padres que sufren. Una madre cuyo hijo es homosexual dijo que sus fiestas solían arruinarse debido a lo que deseaba y no podía tener: «una familia como tienen las otras personas». Por fortuna, finalmente encontró cómo aliviar su dolor:

Mi hijo vive en la cuadra siguiente, pero sólo lo he visto dos veces y no han sido encuentros buenos. Mi cumpleaños llegó y pasó, la Pascua llegó y pasó, y el Día de las Madres llegó y pasó[...]

En mi vida hay muchas personas que se interesan por mí[...] pero como David en 2 Samuel 18.33, seguía penando por la vida perdida de mi hijo mientras hacía sentir a mis amigos que nadie era tan importante para mí como él.

Entonces Dios, como Joab hizo con David, me hizo ver que, como dijiste en tu libro, el pecado de una persona estaba arruinándome la vida. Eso fue lo que determinó un cambio total este Día de las Madres. Envié tarjetas a todas las nuevas madres que conocía y a mis jóvenes amigos que se interesan por mí cuando me duele. Incluso acepté una invitación a cenar y le llevé lilas y dulces a mi anfitriona, una dama de ochenta y pico de años, y pasé un día maravilloso.

Esta dama está trepando fuera del pozo ciego... ¡y lleva un ramo de lilas! Está aprendiendo lo que recomiendan muchos profesionales para recuperarse de la pena:

> Para ayudarte a salir del pozo,
> extiende tu mano a otros.

A veces Dios nos da lo que necesitamos de un modo que no esperábamos... incluso a través del sufrimiento. Así lo escribió Helen Lowrie Marshall en su hermosa poesía:

Oración respondida

> Pedí paciencia... y mi oración fue cumplida,
> Pues muchas obras me fueron asignadas,
> Que me exigían paciencia nunca conocida.
> Y creció paciencia con cada obra realizada.
>
> Pedí carácter y para el alma firmeza,
> sin considerar su alto y amargo precio;
> por el dolor soportado y el llanto vertido,
> y al pasar los años el carácter fue fortalecido.
>
> Pedí paz interior de corazón y mente,
> ese consuelo que me era esquivo, aparentemente,
> pero la vida me obligó a pensar en otros,
> y paz hallé sirviendo a mis hermanos.[2]

Estas hermosas líneas dicen con mucha claridad lo que también expresa la historia acerca del Dr. Karl Menninger, el siquiatra de fama mundial. Respondía preguntas después de dar un discurso sobre salud mental cuando una persona preguntó: «¿Qué sugerencia daría a una persona que se siente al borde de una postración nerviosa?»

La mayoría de las personas pensó que el doctor diría: «Consulte a un siquiatra». En lugar de eso dijo: «Cierre con llave su casa, cruce hasta el otro lado de las vías del ferrocarril, busque a una persona necesitada y haga algo para ayudarla».

Muchos padres sufrientes han encontrado una nueva manera de dar gozo a otros durante las fiestas cumpliendo servicios voluntarios en asilos para desamparados, en comedores públicos o realizando otras actividades voluntarias. Lo importante es no andar arrastrándose con cara larga, esperando recibir una invitación... ve a buscar a alguno que esté aun peor que tú, o invita a una persona sola a comer contigo.

Bill y yo nos dimos un «gusto» muy romántico el pasado Día de los Enamorados haciendo algo que el Dr. Menninger seguramente aprobaría. A menudo vamos a una cafetería local, *Robert's Coffee Shop*, para almorzar. Los dueños y camareras nos conocen, y un día Joyce, la esposa del dueño, me preguntó cómo podría imprimir algunas poesías. Le dije que nos las trajese y que veríamos si podíamos ayudarla.

Al día siguiente trajo aproximadamente cuarenta trozos de papel, todos conteniendo pequeñas poesías de amor que Bob, su esposo, le había escrito. Algunas estaban escritas en servilletas; otras en la parte de atrás de boletas de carreras. Muchas estaban plegadas, gastadas y raídas, pero todas eran preciadas porque su esposo se las había escrito a ella. Él no tenía idea de que ella las había guardado y que nos las dio en secreto para que él no supiese lo que ocurría.

Hicimos que las mecanografiasen prolijamente en una computadora y Bill compró unas carpetas color rojo brillante para colocar allí las poesías. Shannon diseñó una simpática carátula, luego armamos las carpetas de poesías y esperamos con entusiasmo la llegada del Día de los Enamorados para ser parte del regalo de Joyce a Bob.

Cuando llegó el gran día, fuimos al restaurante antes de que llegase la gente para almorzar y nos sentamos en nuestra mesa acostumbrada. Bill tenía una gran pila de carpetas a su lado. Joyce llamó a Bob y dijo que teníamos algo que tal vez quisiera ver. Se acercó hasta donde estábamos vistiendo su gorra de chef y su delantal.

Todas la camareras se reunieron a nuestro alrededor para ver lo que sucedía.

Joyce le entregó una de las carpetas rojas y se quedó allí parado, sorprendido y maravillado de ver lo que contenía... todas esas poesías que había escrito en esos trozos de papel y pedazos de servilletas a lo largo de los años. Ahora estaban todas impresas para que su familia las pudiese leer. Se quedó parado allí con lágrimas en los ojos, mudo ante este regalo de amor de Joyce, que durante todos esos años atesoró todas esas palabras de amor.

¡Cuánto nos divertimos Bill y yo! Cuánto disfrutó Bill de llevar esas carpetas rojas hasta el restaurante. Cuánto gozo nos dio ver la cara resplandeciente de Bob al pensar en el amor que Joyce le demostró al atesorar esos poemas a lo largo de los años. ¡Fue un maravilloso Día de los Enamorados, el amor de ELLA y las poesías de ÉL, pero NOSOTROS fuimos bendecidos por el acontecimiento!

Extendámonos... y recibamos gozo

No es posible sobreestimar las bendiciones que vienen al extendernos hacia otros. Esto es algo que vuelvo a aprender cada año alrededor de Navidad. Por lo general, sabemos de docenas de familias que han perdido a algún ser querido durante el año, ya sea debido al SIDA, suicidio o alguna otra tragedia. Así que con el correr de los años he empezado alrededor del 14 de diciembre (¡mi cumpleaños por si quieres enviarme algún obsequio!) a echar a un lado todo lo demás y empezar a llamar por teléfono a las familias que han sufrido una pérdida.

Generalmente, cuando logro comunicarme con ellos por teléfono, les lleva un minuto relacionarme con la persona que escribe los libros y les envía cartas circulares. Después llaman a otra persona al teléfono, y en poco tiempo hay un miembro de la familia hablando por cada teléfono de la casa. Valoran que alguno se haya interesado lo suficiente para recordar su pérdida en la época de las fiestas. Su reacción prueba la verdad contenida en ese adagio:

> A la gente no le interesa saber cuánto sabes.
> Sólo necesitan saber cuánto te INTERESAS.

Requiere de gran esfuerzo hacer esas llamadas en la época navideña, pero en poco tiempo las salpicaduras de gozo que vuelven a mí como bumerán me llenan de tanto amor que *mi corazón sonríe.* No puedo evitar disfrutar su entusiasmo de saber que alguien de veras SE INTERESA por sus sentimientos cuando su pérdida todavía es tan reciente.

Me encanta recordarles que DIOS SIGUE EN CONTROL DE TODO. Después, al finalizar cada conversación, pregunto si puedo orar con ellos, entonces oro específicamente que Dios los envuelva en su manto de consuelo y que su paz los acompañe. De alguna forma la idea de estar envueltos en el manto de amor de Dios les recuerda que el cuidado de Él los contiene... y que no están salpicados por todo el techo.

Hacer estas llamadas en la época navideña es un bumerán de gozo que vuelve a mí como regalo personal de Navidad. Y también lo hago porque sé que, tradicionalmente, las fiestas son momentos para compartir, pero también son días de grandes expectativas que resultan dolorosos si estas no se satisfacen. Cuando ha habido algún tipo de pérdida, ya sea por enfermedad, muerte, distanciamiento, mudanza o *lo que sea*, las fiestas fácilmente pueden producir MAYOR pesadez en lugar de felicidad para quienes ya están deprimidos.

Una madre escribió:

> Ha pasado casi un año desde que nuestra hija nos informara de su estilo de vida y nos comunicara también que ella y su amante habían convivido durante cinco años. Pues bien, he logrado sobrevivir durante el año, ¡pero casi me desmorono durante las fiestas! Acabé en la sala de emergencia el Día de Acción de Gracias, enferma y con un ataque de nervios. Ahora estoy mejor y aprendiendo que sólo a través del poder de la oración y la gracia de Dios se puede cambiar algo. Sé que tengo que

dejar a mi hija en manos de Dios, pero una hija siempre permanece en el corazón.

¡Decídete por el gozo!

Cuando el dolor se intensifica durante las fiestas, es posible que sientas que te disuelves en un remolino de impotencia. Pero recuerda: A pesar de que el dolor es inevitable en la vida, ¡la desdicha es OPCIONAL! Todavía puedes DECIDIR cómo reaccionar ante el dolor que deja tu mundo patas arriba. Una mujer que ha pasado varios años lidiando con crisis dijo que se fue a la cama durante un año «a contar los lunares del cielo raso y desear que la mente tuviese un interruptor que permitiese detener la sensación de estar loca todo el tiempo». Después, dijo ella, llegó a un entendimiento fundamental.

Si quieres, puedes decir que soy lenta para aprender, pero después de años de consejería y de lograr una mejor comprensión de la gracia de Dios en mi vida, al fin comienzo a entender lo que significa cuidar de mí en medio de los pozos ciegos de la vida. Soy más rápida en establecer mis límites realistas y estoy mejorando en mi capacidad de liberar a las personas y situaciones que no puedo controlar. Nunca deja de asombrarme la paz y el gozo que inundan mi vida como resultado de cambiar lo que SÍ PUEDO cambiar: ¡MI ACTITUD! Mi lema es: No me otorgo el crédito de los éxitos de mis hijos; tampoco acepto la responsabilidad de sus fracasos.

Esta dama entiende lo que dice Chuck Swindoll: «Podemos decidir cada día la actitud que adoptaremos para ese día. No podemos modificar nuestro pasado. No podemos cambiar el hecho de que la gente se comportará de cierto modo. No podemos modificar lo inevitable. Lo único que podemos hacer es tañer la única cuerda que tenemos, nuestra actitud».[3]

Ten en cuenta estos pasos que puedes ESCOGER a fin de reducir el estrés durante las fiestas:

1. Sé realista. Acepta el hecho de que ESTÁS deprimido.

2. Debes decirte que esto NO es algo permanente. También pasará. No se QUEDARÁ para siempre.

3. Recuerda que cualquier cosa que ha de pasar puede soportarse durante un tiempo.

4. Establece una fecha tope para el fin de tu depresión y debes decirte que le pondrás un límite en ese tiempo determinado. La descartarás.

Esto suena a un sistema simple, pero *sí* da resultado. Puedes *decidir* si vas a abrazar tu depresión... o si vas a ser feliz.

Dios TOMA mis días del ayer,
GUARDA mis días del mañana,
me ENTREGA el día de hoy,
y en el milagro de todo esto
¡me PROMETE una eternidad junto a Él!

Ilustración «Suzy's Zoo» © 1992 Suzy Spafford.
Usado con permiso. Gracias a Alice Laing por
enviarnos las palabras de inspiración que
acompañan esta ilustración.

Puedes controlar tus estados de ánimo gran parte del tiempo mediante la aplicación de este sistema.

También se pueden dar otros pasos prácticos para reducir el estrés de la época de las fiestas:

- Determina tus prioridades. Pon en práctica decir no y elimina cualquier tarea innecesaria. Decide qué cosa es verdaderamente importante, y luego concéntrate en esas pocas funciones. No temas cambiar tradiciones.

- Trátate con suavidad. Perdónate por ser imperfecto. Pasa tiempo con personas que te amen, apoyen y acepten como eres.

- Busca un momento en medio de la prisa y el bullicio para estar a solas con Dios: tu esperanza, fortaleza y promesa de un mañana mejor.

Y a continuación se dan algunas ideas para aliviar el estrés en cualquier momento del año:

- *Un baño de inmersión.* Más de la mitad de los que respondieron a una encuesta reciente citaron una ducha o un baño de inmersión como su medio preferido para relajarse. «Un baño de inmersión o una ducha o un baño sauna caliente y vaporoso hace pensar en tiempos y placeres cálidos», según el artículo que informaba de esta encuesta. Otro beneficio adicional de un baño es que «garantiza un período confiable de descanso y privacidad».[4]

- *Ejercicio.* Cualquier tipo de adversidad crea una acumulación de energía. Cuando estamos alterados por una situación de crisis, necesitamos encontrar una forma de liberar este incremento de energía causado por adrenalina. Una manera de hacerlo es estallar... pero por lo general esa no es la más beneficiosa. Una manera mejor es caminar, correr, andar en bicicleta. Hacer cualquier ejercicio que resulte en tu caso. Tal vez no te sorprenda que mi ejercicio preferido sea:

- *Reír.* «Reír durante veinte segundos[...] brinda al cuerpo el tipo de ejercicio que se lograría remando vigorosamente durante tres minutos. A continuación, la presión sanguínea desciende brevemente[...] y sobreviene una relajación muscular generalizada», dice el Dr. William Fry, profesor clínico emérito asociado de siquiatría de Stanford Medical School. «Cuando llegues a casa, trata de entrar con un cuento gracioso en lugar de una queja. Y presta atención para descubrir experiencias que no sólo resulten cómicas (y relajantes) cuando ocurren, sino que más tarde se conviertan en buenos cuentos».[5]

Las fiestas vienen acompañadas de estrés, pero no dejes de recordarte que SÍ sobrevivirás. Cuando el estrés me abruma, intento centrar mi atención en el futuro maravilloso que nos prometió Jesús cuando vivamos en el cielo en paz con Él y no haya más estrés ni dolor. Me encanta la forma en que la adaptación de Lou Pinter del viejo poema clásico de Navidad describe ese tiempo en el que Jesús vendrá y comenzará nuestro futuro resplandeciente en el cielo. Según escribió el apóstol Juan: «He aquí que viene con las nubes, y todo ojo le verá».[7]

Era la noche previa a la venida de Jesús
y en casa nadie oraba ni buscaba su luz.
Sus Biblias apoyadas sobre el estante olvidadas
Esperando que hasta allí Jesús no se acercara.

Los niños se preparaban para meterse en la cama,
ni una rodilla doblada, jamás la cabeza inclinada.
Y mamá en su mecera con el bebé en su regazo
un programa de TV miraba, mientras yo dormía un rato.

Y entonces en el oriente tal alboroto se levantó,
que de un salto me incorporé para ver qué pasaba.
¡Hasta la ventana volé, como rayo veloz,
corrí las cortinas y abrí las persianas!

¿Qué vieron mis ojos asombrados allí?
¡Ángeles que anunciaban: Jesús está aquí!
Su luz como rayo de sol relucía,
lo supe al instante ¡este debe ser EL DÍA!

Por la luz de su rostro me cubrí la cabeza.
¡Era Jesús que volvía según su promesa!
Y aunque sabiduría y riqueza del mundo eran mías,
no pude contener el llanto cuando vi que volvía.

En el Libro de la Vida, que llevaba en su mano,
estaba escrito el nombre de cada hombre salvo.
No dijo palabra mientras buscaba mi nombre allí;
avergonzado bajé la cabeza cuando dijo: «No está aquí».

A toda la gente cuyo nombre con amor había escrito

reunió para llevarla arriba, a su Padre, como había dicho.
Con los que estaban preparados en silencio se elevó
y el resto, dando vueltas por el suelo, se quedó.

Caí de rodillas, pero ya era tarde, no había caso;
Había esperado demasiado, mi destino estaba sellado.
Llorando, al perderlos de vista, permanecí parado.
¡Ojalá esta noche hubiese estado preparado!

Queda claro lo dicho en los versos de esta poesía;
la venida de Jesús se acerca más cada día.
Hay una vida sola y al llegar el llamado final,
¡comprobaremos, después de todo, que la Biblia era
verdad![8]

Estrés sobre el escenario

Durante muchos años he recorrido el país hablando a grupos de mujeres y a otras agrupaciones... «esparciendo mi gozo», según suelo decir. Me agradan estas experiencias... pero tienden a elevar mi nivel de estrés. A veces cuando me paro en el podio, soy prueba viviente de ese chistecito que dice:

¡La mente es una cosa maravillosa, empieza a funcionar al nacer y jamás se detiene hasta ubicarte frente a un público!

Uno de los discursos más estresantes que me tocó dar fue en California cuando iba a hablar a varios cientos de mujeres durante un banquete en el salón de fiestas de un gran hotel. Todas estaban elegantemente vestidas, y flores y geranios decoraban el salón donde pensábamos pasar un día de gozo. ¡La ambientación estaba preciosa! La dama que me presentaba dijo cosas como: «Bárbara es muy divertida y alegre. Su humor y su capacidad de hacernos reír nos ha deleitado mucho. ¡Este será un tiempo gozoso para nosotras!»

De repente, cuando subí al podio, uno de los obreros de la iglesia bajó corriendo por el pasillo, mientras sacudía los brazos con agitación. Gritó: «¡Esperen! ¡Deténganse! Ha ocurrido una terrible tragedia. Balearon a un oficial en el vestíbulo y tomaron a otro hombre como rehén después de una persecución policial. ¡Debemos hacer un alto para orar ahora mismo por esta situación desesperada!»

De inmediato, todas las mujeres se pusieron de pie y muchas levantaron sus manos extendidas mientras el obrero de la iglesia oró con fervor por lo que estaba sucediendo. Una sensación de shock permeaba el salón de fiestas del hotel.

Después el hombre bajó de la plataforma y desapareció por la parte de atrás del auditorio.

Me quedé parada en el podio, preparada para mi charla y me dije: *¿Y se supone que ahora debo ser GRACIOSA? ¿Se supone que haga REÍR a esta gente después de ESO?*

¡Desesperadamente, le pedí a Dios que me mostrara cómo hacerlo! Después dije con confianza: «Muy bien, hemos puesto esto en manos de Dios... el rehén y toda esta situación. Como nos dice 1 Pedro 5.7, debemos echar nuestras CARGAS sobre Jesús y si en realidad creemos que Dios tiene todo bajo su control, ya no es necesario que nos aflijamos. A partir de ahora, sabremos que hemos hecho todo lo que podíamos hacer. Así que PONGAMOS CIERRE AL ASUNTO, sigamos con lo que teníamos pensado y ¡EXPERIMENTEMOS UN POCO DE GOZO!»

Inmediatamente cambió la situación, se hizo agradable y a la larga todas reíamos, sabiendo que habíamos puesto todo en las manos de Dios.

Esa combinación de risa y oración es un remedio poderoso que puede aflojar las circunstancias más estresantes. Por cierto que nos ayudó a superar ESA situación y la lección que aprendimos todas como resultado nos ayudó a recordar:

> La única diferencia entre una piedra de tropiezo
> y una piedra de apoyo es el uso que se le da.[9]

A veces uno se siente loco

Durante años he contado a otros el consejo de la «piedra de apoyo» que me diera un sabio sicólogo al que he llamado «Dr. Wells». Las ideas que me comunicó han sido un salvavidas para mí y muchos otros. Dijo así:

Tu ministerio parece estar claramente dirigido a padres de

homosexuales. Los anima a sobrevivir a sus pérdidas. Incluso las personas moribundas mueren de manera más tranquila cuando tienen esperanza, ya sea de recuperación o de llegar al cielo. Para los padres de homosexuales, su esperanza es llegar a recuperarse de su dolor, aun cuando su esperanza principal sea un cambio de orientación sexual para sus seres queridos.

¡Sigue inculcando esperanza! A estos padres los motiva el dolor. Serán bendecidos por tu servicio. Tal vez sea sabio animar a los padres de homosexuales a despojarse de sus cargas y dejar de sentirse responsables por lo sucedido. Los hijos adolescentes y adultos toman decisiones que escapan al control de sus padres. Donde no hay control, no hay responsabilidad.

He estimado durante muchos años el aliento del Dr. Wells. ¡Y Dios sabe que no hay *nadie* que necesite aliento como un padre que sufre! Incluso *un poco* de apoyo puede producirnos los resultados más grandes. Hace poco reflexioné acerca de eso cuando Bill y yo nos hospedamos en una hermoso y antiguo lugar que brindaban cama y desayuno. Estaba decorado con muchas antigüedades para examinar y disfrutar. En nuestra habitación, encontramos un dispositivo hecho de una larga vara de madera con una especie de fuelle en una punta. Estaba colgado junto a la cama y cuando pregunté a la mesonera acerca del artefacto, dijo que era un INFLADOR DE EDREDONES. Cuando uno lo introducía entre las mantas y hacía funcionar el «fuelle», salían soplidos de aire entre los edredones para inflarlos, haciendo que quedasen livianos como pluma. ¡Qué diferente era acurrucarse bajo esas mantas infladas! Me trajo a la memoria el dicho que sigue:

> Las circunstancias son como acolchado de plumas:
> Cómodo si uno está ENCIMA,
> pero ASFIXIANTE si uno está debajo.

A veces tenemos la sensación de estar asfixiándonos bajo el peso de todos nuestros problemas, y entonces llega alguien y nos infla con una palabra de aliento. Leí en alguna parte otra máxima que nos recuerda cuán valiosa puede resultar una palabra amable:

> Una palabra de aliento en el momento adecuado
> puede ser el punto de giro de una vida de lucha.

Como dice el versículo de Proverbios: «Los corazones ansiosos están apesadumbrados, pero una palabra de aliento produce maravillas».[10]

A veces resulta alentador el simple hecho de que nos digan que no nos estamos volviendo locos cuando sentimos que nos vamos deslizando hacia el país de los desorientados. Eso es lo que hizo una enfermera de un hospicio cuando recordó a una mujer que sufría que el estrés causado por el simple hecho de intentar sobrevivir a su pérdida podría llevarla a hacer «cosas alocadas». La enfermera le dijo a la mujer que debería *esperar* que sucediesen cosas locas. «Usted hará algunas cosas que de ningún modo acostumbra hacer», dijo ella.

Luego recordó a la mujer: «Eso está bien. Al fin y al cabo, en este momento usted NO es la que solía ser. Sufre y está desorientada. Así que no sea demasiado severa consigo misma cuando pierda las llaves de la casa o pague dos veces la factura de teléfono o eche sal a su té o se olvide dónde estacionó su automóvil. Tenga paciencia. Poco a poco su mundo tergiversado se enderezará y descubrirá que su vida vuelve a casi la normalidad».

Esa enfermera tenía razón. Lo sé, porque he hecho muchas cosas locas... ¡no siempre de manera intencional! He aprendido de primera mano que cuando las personas que sufren dicen estar «perdiendo la cordura», no bromean. Para tantos de nosotros, la pena barre por nuestras mentes como un remolino, removiendo todo tipo de ideas brillantes, además de los datos comunes que necesitamos para subsistir en nuestra vida cotidiana. (Por supuesto, ¡hasta el momento es posible que esto no parezca una pérdida tan importante porque estamos tan lastimados que de todos modos no tenemos la esperanza de sobrevivir!)

En lugar de criticarte cuando haces algo tonto, busca una forma de reír ante el hecho. Como dijo alguno, si ves que vas tambaleando hasta el Hogar para desorientados, al menos disfruta del viaje. Y si no estás haciendo cosas locas, alguno diría que este es el momento más indicado para *inventar* alguna locura que agregue un poco de risa a tu vida. He aquí algunas sugerencias para «vivir peligrosamente» cuando a uno le sobrevengan las locuras:

- Baila de vez en cuando... zapateo, rap o lo que sea. Te ayudará a pasar el rato hasta que vengan a buscarte.
- Come pastel de chocolate en el desayuno.
- *No* te protejas de la lluvia.
- Prepara rosetas de maíz en un recipiente sin tapa.
- ¡Arráncale los rótulos a las almohadas nuevas!
- Pide una «comida infantil» en un restaurante de comidas rápidas y juega con el juguete.
- Graba y mira de nuevo la trasmisión de un juego de béisbol «sin el consentimiento expreso de las Ligas Mayores de Béisbol».
- Ponte dos zapatos que sean *bien* diferentes.
- Cepíllate los dientes con mayonesa.

Si hemos de quedar perdidos en la niebla, ¡más vale que nos divirtamos mientras estemos allí! En honor a las almas que están por allá en el país de los desorientados, incluyo aquí una colección de mis chistes «insensatos» preferidos.

Pues no nos ha dado Dios un espíritu de timidez, sino de poder, de amor y de dominio propio.[11]

Anoto todo lo que deseo recordar. De esa manera, en lugar de pasar mucho tiempo tratando de recordar qué cosa anoté, paso el tiempo buscando el papel donde lo anoté.[12]

Querida Bárbara:

Hace poco asistí a la vigesimoquinta reunión de ex compañeros y me eligieron como la más cambiada. Mi esposo dice que eso fue un elogio, pero no puedo aceptarlo porque he aumentado treinta y cuatro kilogramos desde mi graduación.

Ofendida en Ogallala

Querida Ofendida:

En tu vigesimoquinta reunión te pones un rótulo con tu nombre para que tus compañeros recuerden quién eres. En tu quincuagésima reunión, te pones uno para que TÚ recuerdes quién eres.

En fin, es mejor aumentar de peso que perder cabello, como sucede con algunos *hombres*. En realidad, cuando los hombres envejecen no PIERDEN el cabello, ¡sólo pasa a un nivel subterráneo y les sale por las orejas! Y todos sabemos por qué no es necesario que un HOMBRE se haga un estiramiento facial. Si tiene la paciencia suficiente, ¡su cara se estirará para arriba pasando entre su cabello!

Querida Bárbara:

Últimamente me la paso olvidando cosas importantes como nombres y fechas de cumpleaños. Por cierto que vivo en algún punto entre la menopausia y las letras grandes, pero, ¿esto es normal?

Desmemoriada en Detroit

Querida Desmemoriada:

¡Todas sabemos que las mujeres de más de cincuenta años no tienen bebés porque los podrían en alguna parte olvidando después dónde los dejaron! Estos versitos tal vez te alegren:

Mis bifocales me bastan,
mi dentadura me queda perfectamente.
Mi estiramiento todavía aguanta,
¡pero vaya que extraño mi mente!

Así que disfruta de tu vida, ¡incluso de las partes que no recuerdes!

Querida Bárbara:

Una amiga mía que sólo tiene cincuenta años le dice a la gente que tiene sesenta porque para tener esa edad luce MUY BIEN, pero para tener cincuenta luce MUY MAL. ¿Debo decirle a la gente que miente?

Molesta en Madison

Querida Molesta:

Hay un par de pasajes bíblicos acerca de mentiras que en ocasiones se me mezclan... pero creo que dice algo así: ¡Una mentira es una abominación al Señor, pero un pronto auxilio en la tribulación!

Sólo debes alentarla recordándole que algunas personas jamás pierden su belleza; sólo la trasladan de sus caras a sus corazones.

No dejo de pensar que se me ha olvidado algo...

7

Eres la respuesta a varios problemas que ni sabía que tenía hasta conocerte*

Si quieres entablar una amistad, acepta que alguien te haga un favor.

Después de varios años de matrimonio, a Barney le asignaron cumplir un trabajo temporal en el norte de California. Como sólo iba a estar allí dos meses, Shannon y las dos niñas se quedaron en su hogar en el sur de California. La separación resultó difícil, ya que era la primera vez que se separaban por tanto tiempo.

Cuando habían pasado dos semanas de la partida de Barney, Shannon fue en avión con las niñas para visitarlo. Pasaron un tiempo fabuloso... pero el drama ocurrió cuando regresaron al aeropuerto internacional de Los Ángeles para volver a casa. A continuación dejaré que Shannon te cuente lo sucedido:

> Quisimos pasar todo minuto posible con Barney, así que reservamos pasajes en el último vuelo que volvía el domingo por la noche. Era casi la medianoche cuando aterrizamos

* Ashleigh Brilliant Disparo #4892, ©1989.

en LAX y estuvimos tan entusiasmadas por ver a Barney que sin darme cuenta estacioné en el parqueo más alejado de la terminal principal. Cuando el transporte del aeropuerto finalmente nos dejó cerca del auto, encendí el motor y de repente empezó a salir humo de debajo del capó.

Pensé: *¡Ah no! Estoy a cuarenta y ocho kilómetros de casa con mis hijitas, casi es la medianoche y el humo sigue surgiendo del auto!*

En el estacionamiento, el empleado dijo: «¡Algo le sucede a su auto!», y pensé: *¿No me diga? ¿Acaso se cree que no lo noté?* ¡Casi no podía ver a través del parabrisas!

Empecé a orar: *Señor, por favor ayúdanos a llegar a casa.* Les dije a las niñas que orasen para que los ángeles de Dios cuidasen de nosotras.

Mientras iba avanzando unas pocas cuadras desde el estacionamiento del aeropuerto, otro auto se puso a la par del mío y el conductor gritó: «¡Gire a la izquierda! ¡Más adelante hay una estación de servicio!»

Sabía que no podía seguir avanzando... pensé que el auto explotaría. Así que giré a la izquierda, entré a la estación de servicio y pedí al empleado metido en la cabina a prueba de balas si podía ayudarme, pero ni siquiera salía de su lugar de seguridad.

Metiéndome de nuevo en el auto, me pregunté qué podía hacer. Entonces, de reojo, vi dos hombres que se acercaban hasta donde me encontraba. Ambos eran aproximadamente de mi edad, pero estaban sucios y harapientos, parecían hombres de la calle. Me quedé allí orando: *Señor, si alguna vez has respondido a alguna de mis oraciones, ¡por favor responde a ESTA porque necesito ayuda AHORA MISMO!*

Y cuando hice eso, de repente tuve una gran sensación de paz. Fue entonces que uno de los jóvenes dijo: «Señora, levante el capó. Después tendrán que bajar todas del auto».

Por algún motivo, le hice caso. Él miró bajo el capó y dijo: «Se le ha arruinado una manguera del radiador, señora. ¿Tiene algo en su portaequipaje que pudiera servir como cinta adhesiva?»

Estaba allí de pie, a punto de llorar, mientras movía mi cabeza en forma negativa. Luego el Señor me recordó: ¡*El estuche de primeros auxilios!* Allí tenía un poco de tela adhesiva. La saqué y él la usó para envolver fuertemente la manguera. Luego le puso agua al radiador y me preguntó cuánta distancia debía recorrer. Le dije que mas o menos cuarenta y ocho kilómetros. «Lo logrará», dijo él con una amable sonrisa. «Llegará a casa».

Como sólo tenía diez dólares en la cartera, les di cinco. Les dije: «No tengo mucho dinero para darles, pero les daré algo mucho mejor: Voy a orar por ustedes y pedir a Jesús que los bendiga. Muchísimas gracias por ayudarnos».

A esta altura ya estábamos de nuevo en el auto y los dos hombres estaban de pie junto al mismo. Uno de ellos cerró la puerta del auto después que yo entrara en él. La estación de servicio estaba rodeada de un enorme lugar

Él ordena a sus ángeles que te protejan por dondequiera que vayas.

Salmo 91.11.
La Biblia al día

de estacionamiento... era grande la distancia hasta la cerca. Me incliné para introducir la llave en el encendido y cuando volví a levantar la cabeza ya no estaban. ¡No estaban! ¡No podía creerlo! Sólo bajé la cabeza por un segundo y estaban parados allí mismo. No había manera de que llegasen hasta la cerca con tanta rapidez ni que hubiesen saltado sobre la misma para cruzar la calle.

Esos dos hombres sencillamente desaparecieron.

Durante todo el camino a casa me pregunté qué les sucedió. Acertaron con respecto a lo que dijeron. Sí llegamos a casa, y cuando llamé a Barney la mañana siguiente y le conté lo sucedido, dijo: «Bueno, yo estaba orando por ti y le pedí a Dios que te rodease con sus ángeles. ¡Supongo que así lo hizo!»

Shannon ha sido un verdadero «ángel» para nuestra familia, y para muchos otros, de modo que me parece justo que también haya tenido algunos encuentros angelicales en su vida. Y su historia de los «ángeles» habitantes de la calle ilustra lo que ya saben tantos padres que sufren: ¡A veces la ayuda de Dios nos viene a través de las personas de quienes menos esperamos recibirla!

Esta lección me la señalaron una vez tras otra cuando una madre me escribía para decirme que después de la muerte de su hijo homosexual enfermo de SIDA se esforzaba por encontrar a alguien que pudiese ayudarla a lidiar con su pena. Sus amigos de la iglesia parecían haberse alejado al enterarse de la homosexualidad y del SIDA de su hijo. «Nos sentíamos como leprosos», dijo con tristeza. Sus amigos que no eran de la iglesia jamás sufrieron una pérdida semejante, así que a pesar de que intentaban consolar, en realidad no podían comprender la profundidad de su dolor.

Para su sorpresa, la persona que finalmente la ayudó más fue el que había sido pareja de su hijo, un joven homosexual al que ella negó la entrada a su casa mientras vivía con su hijo. Después de un encuentro fortuito, se volvieron a encontrar para hablar de su pena, y sus recuerdos, referentes a su hijo. Y al hacerlo, ambos empezaron a consolarse mutuamente, probando que: LA PENA ES DIVIDIDA CUANDO ES COMPARTIDA.

Desechos del techo

Probablemente me merezca la medalla a la soledad... ¿Pero a quién se le ocurriría presentarme como candidata?

Ashleigh Brilliant
Disparo #188, © 1970

Ahora sé sin duda alguna que el Señor mandó su ángel para rescatarme.

Mostremos el amor de Cristo... mediante la amistad

Los amigos son muy importantes para los que dan tumbos por el pozo ciego de la vida. Sin duda Dios nos los envía para brindarnos consuelo y mostrarnos el camino para salir del oscuro túnel. En alguna parte leí un cuentecito de algún autor no identificado que describe en forma resumida la responsabilidad que tienen los cristianos de dar una mano de amistad a los que pasan necesidad. Decía así:

En la calle vi una niñita pasando frío y tiritando en un vestido desabrigado, con poca esperanza de recibir una comida adecuada. Me enojé y le dije a Dios: «¿Por qué permitiste esto? ¿Por qué no haces algo al respecto?»

Dios respondió: «Por cierto que hice algo al respecto. *Te hice a ti*».

La misma idea se expresó en una carta que decía así:

Dios no nos quita la cruz, pero envía a otros cristianos para ayudarnos a cargarla.

Para alcanzar a otros, podemos empezar dando una sonrisa, una palabra de aliento, una oportunidad de reír. Eso fue lo que nos hizo hace poco a Bill y a mí una persona totalmente desconocida, al ofrecer un momento deleitoso a todo un avión de personas cuando volvíamos a casa después de hablar en una conferencia.

Nuestro avión aterrizó y antes de que pudiésemos desabrocharnos los cinturones, el capitán salió de la cabina y anunció que le gustaría que los primeros cincuenta pasajeros en bajar del avión hiciesen algo que iba a ser DIVERTIDO (no se nos dio otra explicación).

Dijo que habría una joven parada al final de la rampa y que cada uno debíamos entregarle una rosa roja (que él nos daría a medida que partíamos) y eso era todo... simplemente entregársela a ella. No teníamos idea de lo que sucedía, pero Bill y yo con gusto aceptamos la rosa que el piloto distribuía a los primeros cincuenta pasajeros.

Al bajar por la rampa, esta dulce muchacha, de aproximadamente veintitrés años, esperaba allí con ansia. Cumplimos con la responsabilidad de entregarle nuestra rosa al bajar del avión. Tenía cara de sorpresa después que pusieron en sus manos las primeras dos rosas y, finalmente, al entregársele la quincuagésima rosa y quedar sus brazos cargados de hermosos pimpollos rojos, uno podía ver su asombro.

Todos nos quedamos parados por allí, esperando ver cuál era el acontecimiento divertido del que participamos. Después el capitán mismo bajó sosteniendo una rosa y la colocó entre todas las otras que tenía en sus brazos. De repente, un joven sonriente de unos veinticinco años de edad, vestido de traje azul y de lo más apuesto, bajó saltando alegremente por la rampa, hincó su rodilla e hizo aparecer un anillo de diamantes, que colocó en su dedo después de un largo beso.

Todos los que habíamos estado parados en derredor, ejecutivos con portafolios, hombres y mujeres con equipaje de mano, turistas con bolsos de recuerdos, de repente éramos parte de esto. A todos nos envolvió la emoción del asunto. Aparecieron aplausos y algunos gritos de: «¡Adelante, hombre, adelante!», y niñitos que no tenían idea de lo que sucedía se reían y aplaudían. Era como si en ese breve momento todos tuviésemos la capacidad de echar a un lado las preocupaciones del mundo, bajar los portafolios y ALENTAR al ser partícipes del gozo de esta feliz pareja.

Qué regalo de felicidad nos dieron... una verdadera salpicadura de gozo, una luz que ilumina mi día cada vez que lo recuerdo. A veces es lo único que se necesita para ser amigo de alguien... lograr que otros participen de tu gozo.

Estanques de bendición y refrigerio

Lo que hizo este joven es lo que Jesús nos pide que hagamos por los que sufren: darles una mano y compartir con ellos la luz de Dios. Llorar y reír con ellos. Y al hacerlo, nos ayudamos a vivir las promesas de las Escrituras:

El que riega será también regado.[1]
y...
Dichosos quienes son fuertes en el Señor
y desean por sobre todo seguir tus pasos.

> Cuando atraviesen el Valle del Llanto
> se les convertirá en sitio de manantiales,
> donde lluvias de bendición y refrigerio
> llenan los estanques.[2]

Qué maravillosa imagen, ¿verdad? Al ser «fuertes en el Señor», ¡podemos convertir el «Valle de Llanto» de alguno en «sitio de manantiales donde lluvias de bendición y refrigerio llenan los estanques»!

Piedras de apoyo para cruzar el pozo ciego

Dar la mano a otros no significa adoptar todos sus problemas, ni que aceptamos plena responsabilidad de ellos. A veces podemos ayudar a otros mediante los actos más pequeños, o más graciosos, de bondad. Cuando una mujer que pasaba por dificultades debió faltar al trabajo para hacerse una cirugía, sus compañeros de trabajo le dijeron que durante su ausencia pensaban ponerse sombreros con geranios en honor a ella.

A veces los actos más sencillos de bondad pueden producir enormes resultados. Aprendí eso el año pasado cuando hablaba ante varios miles de obreros juveniles en una convención. Noté cierta dama sentada en la hilera del frente que parecía que saltaría sobre mí en cuanto acabase, y así fue. Cuando el programa finalizó, inmediatamente subió por las escaleras hasta la plataforma.

Estaba tan entusiasmada que su historia parecía brotar en una sola oración larga:

«¿Recuerda cuando estuvo aquí el año pasado, firmaba libros en una librería cristiana y un joven le contó que su hermano se estaba muriendo de SIDA, pero lo que verdaderamente lo preocupaba era su mamá porque ella estaba deseando morir junto con su hijo enfermo? PUES BIEN, usted le REGALÓ su libro *Ponte una flor en el pelo*, también la grabación de su historia y él la trajo a casa.

»Debo decirle: ¡YO SOY ESA MADRE!

»Escuché la cinta, devoré el libro y decidí que debía levantarme y entrar en acción… ¡En el próximo cuarto tenía un hijo que no estaba bien con Dios y se estaba muriendo! ¡Me cambió la vida! ¡Me cambió a MÍ! Me levanté de la cama donde había estado languideciendo. Estaba plena de esperanza y vida, así que llevé ese libro y esa cinta a mi hijo y juntos recorrimos ese libro capítulo por capítulo, escuchamos la cinta una y otra vez y él puso su vida en orden con Dios, confesó su pecado y experimentó una maravillosa renovación de su espíritu. Y el día de Navidad se fue para estar con el Señor».

Al finalizar su historia estaba sin aliento y ¡a ambas nos vencieron las lágrimas y el gozo! A Dios sea TODA la gloria por haber traído restauración a esa pequeña familia, ¡y para mí es una salpicadura de gozo tan grande cuando me toca ser parte de su forma especial de volver a componer vidas fracturadas!

Los amigos nos ayudan con su disposición de reír ante situaciones graciosas que aparecen inesperadamente en nuestras vidas a fin de iluminar los sitios oscuros. Una mujer me escribió para describir cómo su amiga le provocó risa mientras ella se recuperaba de cáncer. La quimioterapia provocó que perdiese todo su cabello, así que usaba una peluca. Más tarde, su amiga la ayudaba a «recomponerse» al salir de la sala de recuperación después de una cirugía. La mujer escribió así:

Me puse mi peluca y cuando la toqué para ver si estaba bien, descubrí que la había puesto al revés...

—Marga, la pusiste al revés —le dije.

—¿Estás segura? —me respondió.

—Sí, ¡mi flequillo no va para arriba!

¡A todos le digo que me alegra que no haya intentado ponerme los dientes postizos!

La risa aplaca el dolor más agudo y aplasta el estrés más intenso. El acto de darla a otros equivale a dar un regalo de salud porque, según señaló alguna persona:

> Las úlceras no pueden desarrollarse
> mientras te ríes.[3]

Y yo agregaría que la pena tampoco.

¿Qué podemos hacer?

A veces resulta difícil saber exactamente QUÉ hacer para ayudar a otro. He aquí algunas ideas sugeridas por habitantes de Espatulalandia que han estado a ambos lados de la situación: el lado que sufre y el lado que ayuda.

- No digas: «Si en algo te puedo ayudar, dímelo». Ofrece formas específicas de ayuda y demuestra que estás listo para poner en acción tus palabras: Pregunta si puedes ir al banco o al correo, contestar el teléfono, buscar ropa de la tintorería, buscar parientes en el aeropuerto o cuidar del perro.

- No traigas postres; eso es lo que traerán todos los demás. Trae comidas que puedan ingerirse con facilidad por una multitud con poca preparación: emparedados, bolsas de verduras crudas limpias con una taza de mojo, una caja de bebidas gaseosas diversas, un plato de rebanadas de queso, una olla de chile con un montón de platos desechables. O trae un plato preparado en una fuente desechable para horno, métela en el congelador a fin de que la usen después que se haya ido la gente y los padres dolidos se sienten demasiado desdichados para pensar en cocinar.

- ¡OFRECE TU PRESENCIA! Ve a visitarlos. Golpea a la puerta, ofrece un abrazo. Siéntate para visitar durante unos minutos. Las personas que sufren a menudo necesitan hablar. ¡ESCUCHA! No te preocupes por dar respuestas profundas ni memorables. Sólo escucha. No pronuncies una letanía de los infortunios que han plagado a tu familia o a otros amigos. Ellos son los que tienen partido el corazón en este momento; sólo pueden lidiar con eso.

- Presta atención a las señales que indiquen que es tiempo de partir. Si llega el pastor, si finalmente llega un ser querido que vive lejos, si llega otro amigo para visitar, acepta la insinuación y despídete. Vuelve más tarde cuando se haya ido la multitud y se esté asentando la solitaria realidad final de la angustia de los padres. Ese es el momento en que más necesitan tu visita... y todas las ideas anteriores.

- Invita a los padres a hacer cosas contigo: asistir a la iglesia, ir al teatro, visitar un parque, venir a tomar café. Y si rehúsan, invítalos otra vez en otra ocasión... y sigue invitándolos (sin convertirte en un pesado) hasta que estén listos para aventurarse a salir de nuevo.

- Asiste al funeral. No supongas que las personas saben lo que sientes con respecto a ellos y a su ser querido. Según dijo alguno: «El acto de presencia es lo único que vale».

Comienza con oración

Cuando pensamos en cosas que podemos hacer, empezamos con oración... con seguridad es una de las formas más importantes de ayudar. Me encanta el versículo que dice:

> Él librará *aun* al que no es inocente, que será librado por la pureza de tus manos.[4]

Ese versículo puede aplicarse a muchas situaciones, sobre todo a los pródigos... y a sus cansados padres. Y por supuesto que nuestra «pureza» viene de que la sangre de Cristo nos lavó, su gracia nos enjuagó, su misericordia nos empapó y su amor nos iluminó. Cuando oramos en su nombre, Dios ha prometido escuchar. Lo único que nos toca es... ¡HACERLO! A manera de recordatorio de orar por los necesitados, una enfermera me envió esta «oración a mano». Ahora cuando por casualidad miro unas manos, me viene a la mente que debo orar.

EL DEDO PULGAR, que está más cerca de ti, recuerda que debes orar por las personas más cercanas y más queridas por ti.

EL DEDO ÍNDICE se utiliza para señalar. Representa a todos los que nos enseñan y ante quienes somos responsables.

EL DEDO MEDIO es el más alto, así que representa a las personas importantes y a los líderes en todos los niveles de la vida.

EL CUARTO DEDO, o anular, es el más débil de todos, así que simboliza a los enfermos o los que atraviesan dificultades.

EL DEDO MEÑIQUE es el más pequeño, así que representa a las personas pequeñas y aparentemente de menor importancia. (¡La enfermera que me envió esta oración dijo que se consideraba como el dedo meñique!)

En alguna parte leí que «La oración se parece un poco a comer cacahuates salados; cuanto más lo haces, más lo quieres hacer».[5]

SONRÍE UN RATO por Roy Mathison

«*Gracias por confiar en mí. De paso le digo que se ha comunicado con un número equivocado*».

«Sonríe un rato» usado con permiso de Roy Mathison.

Además de orar por quienes lidian con el dolor, ¡probablemente la cosa más importante que podamos hacer es ESCUCHARLOS! Hay tantos padres que me escriben para decirme que no tienen con quién hablar...

Queridos Ministerios Espátula:
    El motivo principal por el que escribo es para averiguar si hay alguien (alguna madre que ha pasado por lo mismo) en nuestra zona con la que pudiera hablar...

Querida Bárbara:
    La carta circular de este mes llevaba impresa una declaración que decía lo siguiente: «Un amigo es uno que te fortalece con oraciones, te bendice con amor y te alienta con

esperanza»[...] No tengo un amigo así[...] Aquí no tengo con quien hablar de nada, ¡mucho menos de ESTO!

Quizás lo mejor que podamos hacer es simplemente ofrecer un refugio y un oído que escuche a nuestros amigos fracturados.

Cómo iniciar un grupo de apoyo

Cuando leo cartas como estas (¡según me sucede cada día!), desearía poder estar en docenas de lugares al mismo tiempo para alcanzar a estos padres que sufren y se sienten tan aislados. Trato de llamar a tantos como pueda, pero sé que sería aun mejor si tuviesen siquiera un amigo comprensivo que pudiese pasar tiempo con ellos en forma directa.

Es por eso que los grupos de apoyo pueden ser una bendición tan grande para padres que sufren. Te sugieren ideas para hacer frente a los desafíos que intentas vencer y, lo mejor de todo, te has ganado las credenciales para comunicar a otros lo que has aprendido.

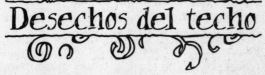

Desechos del techo

**En la medida que cualquiera
te impulse a acercarte a Dios,
esa persona es tu amiga.**

He recibido docenas de pedidos de padres que me han preguntado cómo iniciar un grupo de apoyo en su zona. Hace poco mi amiga Kathleen Bremner, directora del grupo Espátula II de San Diego, reunió unas excelentes directivas que resumen todas las cosas que hemos aprendido. Inicia su artículo citando a Dan Allender, autor de *Bold Love* [Amor osado]: «Es necesario que descubramos el poder de Dios para cuidar de otros cuando nuestro corazón se quebranta; debemos encontrar el amor de Dios para alcanzar a los perdidos aun cuando nuestro dolor continúe». Estoy agradecida a Kathleen por permitirme imprimir el siguiente resumen de estas directivas:

En primer lugar, debes tener suficiente disposición, sinceridad y valentía para abrir tu vida y familia al conocimiento público. Tu corazón debe ser puro; esto no debería usarse como una oportunidad para condenar ni desquitarse. El líder de grupo debiera ser alguien que se interese profundamente por un ser querido y conozca el dolor de descubrir que ese ser querido es homosexual.

Busca a tu pastor y dile lo que Dios ha puesto en tu corazón. Pregúntale si podrías dar tu testimonio a la iglesia durante una presentación especial. Cuando se acuerde esto, determina el día, la hora y el lugar donde se reunirá tu grupo de apoyo.

(Sugerencia de Bárbara: Planea realizar tus primeras reuniones en tu casa; invita a unas pocas personas para tomar café y mantén el grupo pequeño. Por lo general, recomiendo que las reuniones no se lleven a cabo en la iglesia porque algunos padres se preocupan al pensar que puedan reconocerlos allí. Cuando el tamaño del grupo supere el de tu casa, considera mudarte a un sitio neutral, tal como una asociación cristiana de jóvenes. A la larga, cuando los miembros del grupo se sientan cómodos unos con otros, es posible que consideren la iglesia como el mejor sitio de reunión.)

Elige un nombre para tu ministerio, prepara y manda a imprimir un volante/folleto que contenga información y datos pertinentes a tiempo de poder entregarlos durante tu presentación.

Haz una promoción del programa en el periódico local y a través de las iglesias de la comunidad como también de tu iglesia.

Directivas para tus reuniones

Arregla la sala en un pequeño y cómodo círculo, y prepárate para una maravillosa experiencia al descubrir que extendiéndote a otros se inicia tu propia sanidad.

1. Al llegar las personas, preséntalas dando sólo los nombres. Sé alegre, comunicativa y saluda a la gente con un cálido apretón de manos... o un pequeño abrazo si te sientes cómoda haciéndolo. Haz que la gente se sienta «en casa».

2. Usen únicamente sus nombres durante la reunión, pero pide que registren su nombre y apellido, dirección y número de teléfono en una tarjeta preparada de antemano para tu control. Pregunta si aceptan que les envíes material o anuncios de reuniones.

3. Es bueno dar apertura a la reunión con una breve oración, pero es posible que descubras que abrir la reunión de una manera informal haciendo primeramente que la gente se conozca hace que se sienta más a gusto. Debes apreciar el hecho de que algunas familias no están acostumbradas a orar en voz alta. Es posible que a la reunión lleguen algunas personas que desde hace años no asisten a la iglesia. Sé atento con ellos. ¡Recuerda que Dios obra de muchas maneras!

4. Empieza presentándote y contando un poco acerca de tu propia situación. Explica que todos los presentes tienen a alguien que está en el mismo lugar. Dirígete a una persona con la que tal vez hayas hablado antes de la reunión y pregunta si quiere hablar un poco acerca de lo que la motivó a venir a la reunión. Si la respuesta es «Todavía no estoy lista», pasa a otra persona. Es importante que preguntes... es más fácil que una persona responda cuando le pregunten en vez de iniciar su propia historia. Podrías decir: «Cuéntanos acerca de tu ser querido...» o «Dinos cómo *te* sientes en este momento».

5. SERÁ NECESARIO QUE SEAS UN BUEN OYENTE. Sin embargo, no permitas que otro tome el control de la reunión y haga que resulte imposible que otro pueda contar su historia. Esto puede suceder fácilmente porque cuando tienes un grupo grande (más de ocho personas), el tiempo pasará con rapidez y tal vez descubras que no has dado a todos oportunidad de hablar.

6. La gente necesita escuchar lo que tengas para decir en tu

posición de líder. Necesitan saber cómo te han ayudado, dónde encontraste fortaleza y consuelo.

7. Cuando todos hayan tenido oportunidad de hablar, anima a las personas a responderse mutuamente. La interacción hace que la reunión sea lo que debe ser: un grupo de «apoyo». El intercambio de ideas y de trasfondos ayuda a las personas a reconocer que sus necesidades son las mismas. El consuelo viene al hablar, mostrar interés y finalmente desarrollar un fuerte sentido de apoyo de familia.

8. Cuando te parezca adecuado, concluye la reunión con una oración. Al principio, generalmente será mejor que *tú* o un pastor de confianza, si es que hay alguno presente, clausure la reunión con oración.

9. Concluye la reunión puntualmente. La gente a menudo se quedará después para conversar, pero la reunión en sí debe acabar a tiempo.

Algunas cosas que NO se deben hacer

1. No dar números de teléfono ni direcciones de las personas sin su consentimiento.

2. No intentar solucionar los problemas de las personas y dar consejos; en lugar de eso, sugerir posibilidades o alternativas. Pedir sugerencias al grupo.

Algunas cosas para hacer

1. Confiar en que Dios guíe la reunión. Pide a Dios que te dé sabiduría, compasión y sensibilidad para ayudar a las personas que sufren tan desesperadamente. Para algunas personas, el hecho de descubrir que su hijo es homosexual equivale a morir... enterarse que el hijo tiene SIDA representa otro golpe severo. El espíritu humano se levantará para consolar y se llenará de compasión al iniciarse el proceso de sanidad extendiéndose físicamente para alcanzar a un ser querido.

2. Animar a las personas a poner su confianza en nuestro Padre celestial. Dios puede cambiar a las personas. NOSOTROS no. Sólo podemos cambiar como somos y nuestra ma-

¡Gracias por ayudarme a superar este tiempo jorobado!

nera de reaccionar ante las situaciones. No somos responsables de las cosas que no podemos controlar.

3. Aprender a comunicar risa y cuentos divertidos. Descubrirás que hay sanidad en la risa y que no deseas que la reunión acabe siendo una desdichada ocasión para sentir lástima de uno mismo. Lo más importante es que las personas escuchen que la vida *sigue* incluso después de descubrir que su hijo es homosexual.

4. Recordar que la pena es un PROCESO y que a cada persona se le debe permitir que pase por este proceso. Estás allí para servir de apoyo y guía a la familia a fin de que puedan encontrar su paz y fortaleza en la misericordia y el amor de Jesucristo. La gente debe aprender que llegará el día en que echen a un lado la tristeza y empiecen a amarse y a permitir que ese amor brille en el mundo.

5. Vendrán familias que acaban de enterarse que su ser querido es HIV positivo o que tiene SIDA. Debes estar bien informada sobre HIV y SIDA, pero también debes contar con un profesional de confianza a quien poder derivar a las personas para formular preguntas clínicas y médicas. Tu propósito es estar presente para brindar consuelo, ayuda espiritual y apoyo. Deja las preguntas médicas a las autoridades.

Kathleen concluye sus directivas diciendo esto:

Tu grupo de apoyo debiera ser un ministerio de restauración y esperanza. Donde haya una división en las relaciones entre miembros de una familia, tu propósito debiera ser ayudar a restaurar esta relación. Sin embargo, ¡no eres Dios! Únicamente llegará la reconciliación mediante oración, fe y confianza en el poder del Señor Jesucristo. Sólo podrás orientar a una persona para que busque la Palabra de Dios y su poder de sanidad a fin de que se operen cambios en su vida o en la de cualquier ser querido. Con tu fe y el amor de Dios, serás una bendición y un testimonio de los maravillosos milagros que Dios sí promete. Sé tú misma. Eres singular. Dios te ha dado un regalo... el regalo de interesarte por otras personas. ¡Ahora, abre el regalo!

A la lista de Kathleen agregaría un consejo más para quien conduzca el grupo: Asegura a los padres que SÍ se sentirán mejor. Que SÍ superarán este trauma. Recuérdales que nuestra meta es darles consuelo, no cambiar a otros. Con la ayuda de Dios, ELLOS mismos cambiarán. ¡Se volverán más compasivos, se interesarán más y serán más comprensivos!

Que sea breve si no son cosas agradables

Y a los que han tenido la buena fortuna de encontrar un grupo de apoyo, o un amigo cercano, que los escuche, sugeriría que no abrumen a la persona o al grupo recitando todos los detalles de la totalidad de vuestra historia penosa de una sola vez. En otras palabras:

¡No vuelques la carga completa de fertilizante
sobre una plantita de fresa!

Dicho esto, tal vez adivines cuál de las directivas de Kathleen me agrada más: ¡La que se refiere a la risa! Me encanta reír. Estoy de acuerdo con la enfermera que dijo: «Creo que el decimoprimer mandamiento debió haber sido: Ríe y sé feliz».[6]

Para reforzar ese «mandamiento» antes de abandonar el tema de los grupos de apoyo, quiero mostrarles otra tarjeta graciosa que vi. Daba estas observaciones alocadas:

Todo lo que necesito saber acerca de la vida lo aprendí de mi grupo de apoyo

- ¡No tropieces con el primer escalón!
- Es bueno permitir que tu niño interior hable con desconocidos.
- Sólo eres tan enfermo como lo sean tus secretos.
- A todos los roperos les vendría bien que los aereasen.
- Si no puedes soltar el dolor del pasado, úsalo para obtener toda la simpatía que puedas.
- «Doce pasos» no es una moda de baile «campesino».
- Si no eres disfuncional, no eres normal.
- La asistencia mejora cuando se sirven café y rosquillas.
- ¡Independencia sí, codependencia no!
- Es difícil ser una persona más amorosa si para empezar a uno no le gusta la gente.
- Escucha tu voz interior, pero asegúrate de pedir una segunda opinión.
- ¡Supéralo de una vez!
- Y recuerda, en tu paso por la vida: DE TODOS MODOS, BÁSICAMENTE SON TUS PADRES LOS CULPABLES DE TODO.[7]

Si en tu zona no hay grupos de apoyo... ¡inicia uno! Allí aprenderás rápidamente la verdad contenida en estas dos joyas de sabiduría que me enviaron madres que recibieron ayuda con la consideración de otras personas:

**Cuando ayudas a otros
tú mismo te sanas un poco.**

y...

**El amor es la puerta mágica por donde cualquier alma
puede pasar del egoísmo al servicio.**

Una poderosa herramienta en una situación de impotencia

A pesar de que los grupos de apoyo pueden ser un regalo del cielo para padres que sufren, ¡en realidad no hay sustituto para ese amigo dedicado que te ama sin importar cuán desdichado te sientas ni cuán difícil resulte estar contigo! Sólo imagina cuán reconfortante resultaría contar con un amigo que te escuchase volcar tus sentimientos de «terror ante el futuro», según escribió la madre de una víctima de SIDA. O escuchar a otra madre expresar «temor por mi hijo, terror por su destino eterno y mi pena por lo que parece perdido».

Qué honor, y qué bendición, sería dar una mano a un amigo de esa manera a fin de rescatarlo del borde de la desesperanza. Si puedes ser un amigo así, eres un salvavidas... una herramienta que Dios usa para derramar su amor a una situación que de otro modo carecería de esperanza.

Pero la «herramienta» de Dios también recibe bendición por las bondades otorgadas porque:

Nunca se pierde la bondad que se da.
Tal vez pase algún tiempo,
Pero regresará al igual que una maleta
en el carrusel de equipaje.[8]

La bendición de los amigos

Me siento especialmente agradecida de tener amigas *espontáneas*, personas como la mujer que Erma Bombeck describió en una columna como su amiga «aprovechadora del momento» que siempre está dispuesta a dejarlo todo a un lado a fin de pasar un poco de tiempo con otra persona.

En contraste, Erma relató las numerosas veces que llamó a su propia hermana para preguntarle: «¿Qué te parece si salimos a almorzar en media hora?»

Su hermana decía: «No puedo. Tengo ropa en el tendedero». «Tengo el cabello sucio». «Ojalá lo hubiese sabido ayer». «Desayuné tarde». «Parece que va a llover».

Erma escribió: «Hace unos años se murió. Nunca logramos almorzar juntas».

Su hermana desperdició todas esas oportunidades de hablar, reír y amar.

Y también estoy agradecida por otro tipo de amiga: la que *me* permite ayudar.

Erma Bombeck preguntó en su columna: «¿Con cuánta frecuencia han venido de visita tus hijos a charlar, para después quedarse sentados en silencio mientras mirabas un programa de televisión?» Cuando estás estancada en el pozo ciego y alguno te invita a charlar un rato, a almorzar juntos, a dar una caminata, es demasiado fácil decir: «Tengo el cabello sucio» o «Parece que va a llover» y después meterte de nuevo en tu capullo, encender la TV y seguir penando insensatamente.

Cuando esto te suceda, imagina, en lugar de tu amigo, a Jesús parado frente a ti con su mano extendida. Imagínalo diciéndote lo que le dijo al hombre que durante treinta y ocho años se mantuvo recostado junto al estanque de Betesda, esperando que alguno lo ayudase a entrar al estanque cuando el ángel movía las aguas. Jesús dijo: «¿QUIERES ser sano?»[9]

Si, al igual que el hombre de Betesda, respondes al ofrecimiento de un amigo formulando excusas respecto al porqué no puedes aceptar, es posible que te estés negando a un regalo enviado por Dios.

Tales negaciones me recuerdan a un hombre cuya granja estaba ubicada en la ribera de un río desbordado a causa de una inundación. Al subir el agua, un vecino pasó en un Jeep, instándolo a partir antes de que la granja quedase anegada.

«No, no», dijo el hombre confiado, «Dios me salvará».

El agua subió más y el hombre se vio forzado a pasar a un

segundo piso de la casa. Pronto llegó un bote de la policía y los oficiales llamaron al hombre pidiéndole que se apurase y se metiese en su bote.

«No, no, eso no será necesario», insistió el hombre. «Dios me salvará».

Por último, la casa quedó completamente rodeada de agua y un helicóptero de la Guardia Costera bajó para rescatar al hombre, ahora trepado al techo. De nuevo rehusó la ayuda ofrecida. En ese mismo momento, una enorme ola de agua vino sobre la casa y el hombre se ahogó. Cuando llegó al cielo, enfurecido se dirigió al Señor, preguntándole POR QUÉ Dios había permitido que muriese cuando su fe era tan fuerte.

«¿A qué te refieres?», preguntó el Padre celestial. «Te envié un Jeep, un bote y un helicóptero... ¡y no hubo forma de moverte!»

Ayuda a otros al permitir que te ayuden

Si te niegas a moverte de tu pozo ciego cuando un amigo te invita a salir, no sólo rechazas un regalo para ti, es posible que también estés privando al amigo de una bendición grandemente necesitada.

Para algunas personas, es extremadamente difícil aceptar ayuda. Temen que al aceptarla lleguen a sentirse obligados hacia esa persona; piensan que se endeudarán, ¡y no les agrada deber nada a nadie! Pero de lo que no se dan cuenta es que al negarse a recibir ayuda, le quitan a esa persona algo bueno. De modo que aun cuando preferirías arreglártelas solo...

En tu dolor, desmorónate,
permitiendo que otros te lleven un rato.
¡Al hacerlo, ganarás un amigo!

Es frustrante saber todas las respuestas... y que nadie se moleste en formularte las preguntas.[10]

La santa pasión de la amistad es de naturaleza tan dulce, firme, leal y perseverante, que puede durar toda una vida si no se le pide dinero prestado.[11]

Oración es pedir lluvia.
Fe es salir con paraguas.

Ojalá mis amigos pudiesen ver
el amor que mi corazón tiene guardado.
Mi mayor deseo sería poder
sanar cada corazón quebrantado.
Si el amor fuese una cosa que comprar se pudiera
el rico tendría vida y el pobre moriría.
Me alegra tanto que a todos sea accesible,
al rico, al pobre, al pequeño y al grande.
Digamos todos cada día una oración.
A alguno en su camino le será de bendición.

Pearl Waddell[12]

Se supone que la iglesia sea un hospital para pecadores, no un hotel para santos.[13]

Tu cuerpo se parece a un automóvil de lujo de ingeniería superior: Si lo usas sabiamente y le das mantenimiento apropiado, a la larga se descompondrá y lo más probable es que ocurra en un barrio malo.[14]

La causa más digna es la bondad,
y no está limitada por el tiempo.

Charles Dickens

La mejor antigüedad
es un viejo amigo.

No nos cansemos, pues, de hacer bien; porque a su tiempo segaremos, si no desmayamos. Así que, según tengamos oportunidad, hagamos bien a todos, y mayormente a los de la familia de la fe.[15]

Me gustaría vivir a ritmo acelerado, ¡pero estoy casada con un obstáculo de velocidad!

El señor Arreglalotodo encuentra la horma de su zapato.

*H*ace algún tiempo asistí a un taller sobre cómo organizar tus roperos. La sesión incluía información referente al almacenamiento, empaquetamiento y otras sugerencias acerca del cuidado de la casa que aprecié... tanto, que decidí ponerme en campaña para desarrollar la eficiencia de mi hogar.

Una sugerencia era clasificar la ropa por estación, después llevarla a limpiar haciendo colgar cada prenda en una percha por separado con su respectiva cubierta plástica, para después guardar la ropa que no era de estación utilizando la funda plástica como compartimiento de almacenaje individual de cada prenda.

Cuando vi que la tintorería local tenía una rebaja especial en la que con un cupón ofrecía limpiar cualquier prenda por sólo un dólar, logré coleccionar varios cupones de los diarios de los vecinos. Luego busqué todos nuestros trajes, vestidos, sacos, etc. de invierno y llevé todo el montón hasta la tintorería con mis cupones. Pedí específicamente que colocaran cada pieza por separado en una percha con su respectivo protector plástico.

«Cómo no», dijo la mujer. Así que sentí que progresaba en mi proyecto de organización.

Cuando fui a retirar la carga de ropa limpia, la muchacha había cumplido exactamente lo que le había solicitado, y en poco tiempo todo el asiento trasero del automóvil estaba apilado con mi preciada ropa, cada prenda en su respectiva bolsa de almacenaje.

El teléfono sonaba cuando llegué a casa, así que entré corriendo mientras Bill salía para ayudarme a descargar el auto, como solía hacer para darme una mano con las compras del supermercado, etc. Mientras hablaba por teléfono, observé cómo llevaba todas las prendas hasta el dormitorio y luego, unos minutos más tarde, salía llevando una enorme bola de plástico que lo cubría casi totalmente.

«¿Qué es todo ESO?», le pregunté.

«Pues», dijo él, «¡guardé toda la ropa que trajiste de la tintorería y voy a botar todos estos protectores plásticos que la cubrían!»

No había manera de rectificar el problema. El plástico estaba completamente roto. Ni siquiera era posible volver a PEGARLO CON CINTA a la ropa. ¡Allí se acabaron mis grandes intenciones de organizar mis roperos! ¡Pero lo triste de esto es que Bill sinceramente pensó que me ayudaba!

Siempre me asombra ver que dos personas, cuya devoción mutua es total, tengan perspectivas tan diferentes en lo que respecta a los incidentes que llenan sus vidas. He escrito antes sobre las técnicas sumamente diferentes que aplicamos Bill y yo a diversas situaciones, incluyendo la forma correcta de comer mantequilla de cacahuates. (Yo simplemente la extraigo alegremente de la manera que sea, mientras que a Bill le gusta untarla en forma circular y artística, asegurándose de que todos los bordes queden prolijamente alineados.) También le resulta muy importante que sus medias combinen... eso es *en realidad* importante para él (por algún motivo que no alcanzo a comprender). ¡Finalmente quedó tan frustrado por mis hábitos de lavandería que ahora ABROCHA el par antes de meterlo al canasto de ropa sucia!

Solía pensar que Bill era bastante EXTREMISTA en lo referente a las medias y la mantequilla de cacahuates... hasta enterarme de otra «extraña pareja» con una traba aún más loca. Una esposa protestaba por la forma que su esposo cerraba la bolsa del pan, ¡quejándose de que le colocaba el cierre de alambre AL REVÉS! ¡Supongo que hay personas aun más raras que las que prefieren la mantequilla de cacahuates untada en forma circular en lugar de comerla a cucharadas!

Desechos del techo

Escuchado al pasar: *¡Cuando me casé con el Sr. Correcto, no sabía que su primer nombre era SIEMPRE!*

En la mayoría de los matrimonios, los esposos y esposas acaban adaptándose a las diferencias de sus cónyuges, sin importar cuán excéntricas sean. Una de las cosas a las que he debido adaptarme es al hecho de que Bill es muy frugal (¡la palabra indicada es TACAÑO!). Por ejemplo, hace un tiempo cuando mi editor me notificó que las ventas de mi libro habían alcanzado la marca del millón, Bill dijo que deberíamos festejar. Se subió al auto, desapareció por un rato, y yo me lo imaginé preparando una tranquila cena festiva en algún lujoso restaurante o incluso comprándome algún regalo especial. *Algún elemento de joyería sería agradable*, pensé.

En lugar de eso, llegó a casa sonriendo ampliamente, ¡con *dos paquetes de espárragos frescos*! «Sé cuánto te gustan», dijo mientras dejaba caer su regalo en el fregadero de la cocina. ¡Nada que ver con *mi* forma de festejar!

En otra oportunidad recibí una llamada emocionante de un

¡PAF!

10 Maneras de iniciar bien su matrimonio

McPHERSON

© 1990 John McPherson. Usado con permiso de
John McPherson. Incluido en McPherson's Marriage Album
[El álbum de matrimonio de McPherson]
(Zondervan, Grand Rapids, 1991).

hombre (al que llamaré señor Smith), invitándome a Vancou-
ver, Canadá, para hablar en un seminario para mujeres. Dijo
que la actividad consistía en un programa de dos días para
mujeres profesionales que presentaba el atractivo de un crucero a Victoria para «tomar té con la reina».

Sin pensar, le pregunté: «¿Cuál reina?»

«Pues, la reina de Inglaterra», dijo asombrado de ver que no
lo sabía. «Ella vendrá de visita a Canadá el año próximo y
hemos programado que las mujeres que asistan a la conferencia tomen té con ella».

El señor Smith dijo que había leído mis libros y opinaba que
yo sería una buena persona para hablar en dicha conferencia.
Le dije que nuestro ministerio es un tanto singular y que la

meta que tiene es ayudar a familias quebrantadas, pero insistió en que mi mensaje era lo que necesitaban estas mujeres.

Finalmente preguntó cuánto cobraría por esto y le contesté que no tengo ningún «arancel» oficial, pero que cualquier honorario que se me asigne es aceptable para mí. ¡Casi me desmayé cuando el señor Smith me dijo que si aceptaba hablar en el seminario, hacer el crucero y tomar té con la reina me pagaría CINCUENTA MIL DÓLARES!

Bill estaba sentado junto a mí y había escuchado toda la conversación. En lugar de mostrarse entusiasmado y emocionado, como lo estaba yo, su respuesta inmediata fue: «Pregúntale si eso es en moneda canadiense o estadounidense».

Cultiva un estupefaciente,

¡Siembra un hombre!

No sé por qué esperaba algo diferente de mi esposo que no expresa emociones y sólo se interesa por los hechos. En contraposición, mi querida nuera Shannon exclamó: «¡Vaya!» Luego agregó: «Pues bien, SÍ que es maravilloso que venga la reina... ¡pero lo que me daría *verdadero* regocijo sería que se tratase del REY!»

De paso diré que no me fue posible aceptar la invitación amable del señor Smith debido a otros compromisos. ¡Y además, tendría que haber aprendido a hacer la reverencia!

Ataques contrarios

Las pequeñas diferencias en las personalidades, los estilos y las actitudes de los cónyuges pueden agregar una chispa a los matrimonios cuando las cosas marchan bien. Al fin y al cabo, Dios hizo que cada uno de nosotros fuese un milagro singular con nuestras características individuales. Pero en algunas situaciones, tal como las reacciones contrarias de los padres ante la homosexualidad de su hijo, las opiniones diferentes de los cónyuges también pueden provocar sentimientos heridos... en especial en el caso de la esposa.

Se puede percibir esto mismo en la carta que aparece a continuación que me enviara la madre de un joven que acababa de comunicar a sus padres que era homosexual... y que tenía SIDA:

Los pasados doce días han sido una montaña rusa emocional[...] Para mi esposo TODO se trata de un problema espiritual. ¿Y acaso no puede SOLUCIONARSE TODO problema espiritual? Le dije que el SIDA NO PUEDE SOLUCIONARSE. Podemos orar y ayunar *eternamente* y eso no cambiará lo inevitable.

Y además está el asunto del estilo de vida de nuestro hijo. Si llegase a cambiar, dejase de ser homosexual y no siguiera viviendo con su «amigo», entonces... entonces ¿QUÉ? Según le señalé a mi esposo, si hiciese todo eso tendría que dejar de vivir con su amante y no tendría dónde ir. Le pregunté a mi esposo: «¿Estás dispuesto a que vuelva a casa para vivir con nosotros, porque es allí donde entramos NOSOTROS a figurar en esta ecuación?»

Hemos tenido unas conversaciones muy difíciles desde que se pronunciara el veredicto de SIDA. Este asunto es duro para un matrimonio, incluso uno bueno.

Tristeza profunda

A juzgar por mi correspondencia (y mi propia experiencia), a menudo es la madre la primera en enterarse de la homosexualidad de su hijo. Algunas de estas mamás desorientadas intentan esconder la noticia por un tiempo, con la esperanza de evitar a sus esposos la angustia que ya conocen, según reflejan estas cartas:

Mi esposo no lo sabe. No sé cómo lo tomaría. Creo que le partiría el corazón. Él ama tanto a su hijo, está tan orgulloso de él, que no le puedo quitar eso.

No tengo con quién hablar[...] Mis amigas tienen hijos que crecieron con los nuestros y me resulta insoportable contarlo a alguna de ellas. Me siento muy aislada y sola. ¡Necesito desesperadamente hablar con alguien, pero no quiero que nadie lo sepa! Me siento muy avergonzada y sola. Mi esposo y yo somos muy unidos, pero siento que no puedo decirle que su único hijo es homosexual. Sencillamente no lo puedo hacer.

Mi corazón se está partiendo y estoy buscando ayuda. De repente y sin motivo, mi hijo me llamó para decirme que es homosexual. Es increíble lo que ha hecho a mi vida su confesión. ¿Cómo se puede quitar uno el peso de un bloque de cemento de su pecho? ¿Cómo actuar con normalidad cuando ya nada parece ser normal?

Vivo en un pueblo *muy pequeño* y cándido. Fui hasta la biblioteca, pero tuve demasiada vergüenza para intentar localizar cualquier libro referente al tema de la homosexualidad[...] No le he dicho nada a mi esposo sobre el asunto, ni creo que pueda hacerlo. Él cortaría toda relación con nuestro hijo. A nadie he podido confiar la verdad. Vivo en

constante temor de que alguien se entere. Nuestra familia y
nuestra comunidad son tan conservadores y rápidos para
juzgar que no estoy segura de poder sobrevivir a la vergüenza si esto se llegase a saber.

Le comuniqué a mi esposo que nuestra hija es homosexual
después de ocultarle la verdad durante varios meses[...]
Fue muy difícil y temía que le diese un infarto y se muriese
o que nunca más dejase entrar a casa a nuestra hija, pero en
ninguna de las dos situaciones se cumplió lo que suponía.

A través de todo esto he descubierto lo que significa ser
débil. Incluso tuve que hablarme para poder caminar, diciendo: «pie izquierdo... pie derecho... pie izquierdo». La
presión fue casi insoportable, el peso aplastante, la derrota
abrumadora. Pero descubrí que es bueno ser débil y no
poder orar ni leer la Biblia. Pues cuando estuve débil, Él me
dio fuerza y me levantó.

Algunas mujeres me escriben deseando recibir ayuda, pero
temen recibir una respuesta que tenga el rótulo «Ministerios
Espátula». Por fortuna, una comprensiva habitante de Espatulalandia me envió unos adhesivos grandes de ELEFANTE
para cubrir nuestro logotipo. ¡Así puedo enviar cosas a estos
padres recientemente heridos sin que nadie se entere que
proviene de una organización que se identifica por una mujer

«¡¡Podrías dejar de ocultar la tierra bajo la alfombra!!»

agotada y desparramada por una espátula! Pensé que el elefante era especialmente adecuado, ¡ya que a menudo digo que cuando las familias ocultan lo que sienten con respecto a la homosexualidad de su hijo se parece a tratar de pasar por alto un elefante escondido bajo la alfombra!

Escuchemos con amor

Sin embargo, la mayoría de las mujeres que me escriben ya le han dado la noticia a sus esposos y ahora las esposas están procurando conseguir ayuda... ¡mientras los esposos miran para el otro lado! Escriben cartas como las siguientes:

No puedo hablar con mi esposo porque piensa que estoy obsesionada con este problema.

Hay una pareja en nuestra iglesia que tiene dos hijos homosexuales. La esposa está muy interesada en ayudar a los homosexuales. Ha tratado de involucrarme en esto porque conoce nuestra situación. Mi esposo no quiere que lo haga. Es muy difícil saber qué hacer.

No nos es posible asistir a la reunión de Espátula en nuestra zona. Mi esposo todavía no está listo para una reunión de grupo[...]
Nuestra travesía por el túnel continúa...

Estas mujeres *tienen razón* en querer expresar lo que sienten, porque un paso fundamental hacia la sanidad es hablar del dolor. De todas las madres con las que he trabajado, las que han logrado superar la crisis de la homosexualidad de su hijo con la menor cantidad posible de «tejido cicatrizal» son las que han contado con alguien, una amiga o un ser querido, que las *escuchase* volcar sus ansiedades.

Lo ideal sería que ese oyente fuese el esposo. Pero debemos reconocerlo: Por lo general eso no ocurre. A decir verdad, a la mayoría de las esposas les cuesta creer que en realidad *existan* hombres que puedan hacerlo. Pero sé que hay algunos porque varios de ellos se han comunicado conmigo. El padre de un homosexual escribió así: «Al menos mi esposa y yo podemos hablar de esto. A decir verdad, ¡no podemos ir a la cama a la misma hora porque pasamos horas acostados hablando del asunto! Si no hubiésemos superado ya esa etapa de nuestras vidas, ¡este sería un método eficaz de control de la natalidad!»

Sin embargo, es más frecuente que el esposo se niegue a discutir el problema con su esposa... ni con cualquier otro. Llegan tantas cartas de esposas que sufren no sólo por la homosexualidad de su hijo, sino también por la negativa de su esposo de hablar de la situación. Muchas veces los padres creen que la homosexualidad de su hijo se trata de una simple «etapa» de desarrollo que desaparecerá si se pasa por alto.

> Mi hijo salió de su escondite en 1992 y entonces entré yo en él. Hay mucha soledad aquí en este escondite. Ni siquiera hablo con mi pastor y mi esposo siente que si sencillamente obviamos el asunto, este desaparecerá.
> P.S. ¡Nos sentimos solos, nos hace falta el aliento de otros que sienten nuestro dolor, pero estamos lejos de querer renunciar!

> A pesar de ser cristiana, igualmente siento que me «ata la desesperanza». Mi esposo tiene la creencia trillada de que esta es otra etapa más de experimentación por la que atraviesa nuestra hija, pero es lamentable que ya sea que se trate de una etapa o de un experimento, sinceramente creo que esto no tiene un final positivo.

Tener la posibilidad de hablar, y escuchar, al corazón que sufre es un don especial de Dios, reconociendo que «de la abundancia del corazón habla la boca».[1] Sería maravilloso si pudiésemos ayudar a estos padres a ver el valor de franquearse y dejar drenar algunos de sus sentimientos acumulados. Pero la verdad es que en la mayoría de los casos, ¡ESO NO OCURRIRÁ! Los hombres y la mujeres típicamente reaccionan de manera diferente ante las crisis. Las mujeres encuentran consuelo en hablar de su dolor. Hablan, hablan y hablan, y al drenar su herida se disipa el dolor.

Los hombres, por otro lado, no tienen el depósito de emociones que son naturales a las mujeres. Y, como digo a menudo, ¡no se puede obtener mucha energía de un tanque vacío!

Aconsejo a las mujeres que busquen a otra MUJER cristiana en la cual derramar sus corazones. Si todavía te encuentras en la etapa del secreto que viene tras el anuncio de tu hijo homosexual, busca a alguien en tu familia, tal vez una hermana, que ya conozca los detalles de tu historia familiar y que pueda escuchar sin ánimo de crítica. O pregunta a una amiga de confianza si puede pasar algo de tiempo contigo. En el capítulo anterior hablamos sobre cómo otra madre de homosexual puede ayudar también a levantar el ánimo durante este tiempo. Si conoces a alguien, búscala y pregunta amablemente si

© 1990 John McPherson. Usado con permiso de John McPherson.
Se incluye en McPherson's Marriage Album
(Zondervan, Grand Rapids, 1991).

sería posible que las dos hablasen sobre lo sucedido en tu familia. Recuerda:

Simpatía significa TU dolor en MI corazón.

Lo importante es encontrar a *alguien* de confianza que escuche lo que diga tu corazón. En la mayoría de los casos, esa persona NO será tu esposo. Casi siempre, cuando los hombres escuchan una mala noticia una vez, no desean volverla a escuchar. No quieren hablar del asunto; quieren ir a jugar al golf o a pescar y OLVIDARLO. Y no pueden hacerlo si sigues hablando de lo mismo (¡lo cual TÚ necesitas hacer!).

Debemos entender que la fortaleza emocional de los hombres tiene un límite. Nosotras esperamos que sean fuertes y que nos brinden apoyo en las crisis. Pero el dolor es un rubro con el que no saben lidiar. Crecen pensando que no debieran expresar sus emociones y, sin embargo, muchas esposas esperan que sus esposos sean como *esponjas*, capaces de absorber indefinidamente la pena de sus seres queridos. Y la mayoría de las veces, eso no es posible.

Los matrimonios pueden meterse en serias dificultades si la mujer no comprende esta importante diferencia entre hombres y mujeres en su típica reacción ante la tragedia. Después que un joven le dijese a sus padres que era homosexual y también HIV positivo, la madre dijo: «Lloré durante todo el camino de regreso a casa, volcando mi corazón delante de Dios, preguntándole "¿por qué?" y pidiéndole fortaleza para seguir adelante». En contraposición, su esposo parecía permanecer completamente indiferente a la condición de su hijo. Le comentó al hijo: «Pues bien, has jugado con fuego y te has quemado, de modo que deberás sufrir las consecuencias de tus actos y no hay nada que pueda hacer al respecto».

Otra mujer escribió para describir su respuesta apasionada cuando se enteró que su hijo era homosexual. Luego agregó:

Después que nuestro hijo le dijese a su padre que era homosexual[...] su padre se quedó allí fijo como zombi. Le miré y le pregunté si quería decir algo y dijo que no.

THE BUCKETS por Scott Stantis

Impreso con permiso: Tribune Media Services. © 1995.

No molestes a papá; fue a nadar en negación

A veces cuando los papás se enteran de la homosexualidad de su hijo, tienden a negar que haya un problema, a pesar de que dicho problema sea claramente visible (evidenciándose en las esposas desdichadas, que se sienten aisladas por la falta de disposición de los esposos de hablar sobre el asunto). Son como el hombre que realizó una expedición fotográfica al África para sacar fotos de elefantes. El único problema era que no sabía qué aspecto tenía un elefante, de modo que regresó al campamento esa noche sintiéndose totalmente desalentado.

«¿Qué sucede?» le preguntó alguno.

«No vi un solo elefante», se quejó el hombre. «Toda la zona la han tomado un montón de enormes animales grises de largas trompas, orejas grandes y colas que parecen cuerdas».[2]

El problema está allí frente a ti, ya sea que lo reconozcas como tal o no. El secreto a la supervivencia no es pasarlo por alto ni negarlo, sino aprender a sobrellevarlo... *cosa que no hizo* el hombre llamado George en la siguiente «parábola de negación»:

> George sentía un gran resentimiento por el hecho de que existiese una cosa llamada gravedad y que su vida fuese tan afectada por ella[...] Detestaba la gravedad y las restricciones que le imponía[...] Decidió que sencillamente obviaría su existencia. «No permitiré que este asunto de la gravedad arruine *mi* vida», anunció.
>
> A partir de ese momento, George fingió que la gravedad no existía. Si sostenía en sus manos una pieza de porcelana o de cristal, la soltaba y pasaba por alto el hecho de que se caía y se rompía. En poco tiempo su juego completo de porcelana y cristal quedó destruido. Dejó caer tantas veces a su perro salchicha, que ya no acudía cuando lo llamaba[...]
>
> Luego, cierto día George trabajaba mirando por la ventana de su oficina, que se encontraba en el piso doce[...] Decidió salir a dar un paseo. Abrió la ventana, salió, se cayó doce pisos y se quebró todos los huesos del cuerpo[...]
>
> La moraleja de este cuentecito es que no puedes alterar los hechos negando su existencia, porque sin duda te lastimarás al intentarlo.[3]

Por supuesto que sé que le predico a las personas que menos lo necesitan, ya que la mayoría de las que leen este libro son mujeres, siendo que sus esposos son los que están hundidos en negación y rehúsan cambiar de rumbo.

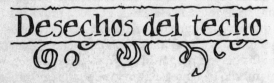

Desechos del techo

Querida Bárbara:
Mi esposo siempre logra que nos perdamos cuando salimos de vacaciones, pero no deja de insistir en que está haciendo buen promedio.

¿Tienes alguna sugerencia para él?
Perdida en Pittsburgh

Querida Perdida:
Debo decirte que sabemos que Moisés peregrinó por el desierto durante cuarenta años porque ¡NO SE DETUVO A PEDIR DIRECCIONES! Pero por otro lado, si no sabes hacia dónde vas, ¡cualquier camino te llevará a destino!

No quiero que las mujeres piensen que no hay esperanza de que sus esposos alguna vez cambien... algunos hombres pueden aprender a expresar sus sentimientos. A veces vemos que sucede esto en nuestras reuniones de Espátula. En la mayoría de los casos, resulta obvio que los hombres no están a gusto; por lo general han venido por insistencia de sus esposas. Es muy raro que se franqueen rápidamente. Pero casi siempre a la larga comienzan a comunicar un poco lo que sienten y, cuando lo hacen, mejoran sus matrimonios.

Muchas cartas de las que recibo están llenas de clamores de auxilio que me produce gran regocijo cuando una carta acaba con un atisbo de esperanza y la insinuación de una nota positiva:

Cuando nuestro hijo nos anunció su homosexualidad[...] nuestra primera reacción fue de dolor y enojo. Somos cristianos nacidos de nuevo y hemos criado a nuestros hijos en la iglesia. Recuerdo que esa mañana estaba de pie en la ducha llorando y gritando a Dios: «¿POR QUÉ?»

He debido pasar por tantas cosas desde entonces, que a veces me pregunto si las cosas malas alguna vez se acabarán. Cuando nuestro hijo hizo su anuncio parecía que mi mundo se acababa. Era como sufrir una muerte y sin embargo, todavía estaba allí. Debo confesar que a veces he deseado que se hubiese muerto. Sería más fácil de sobrellevar, pero sé en mi corazón que no desearía eso por nada del mundo y vivo temiendo que se muera de verdad por causa del SIDA.

Mi pobre esposo realmente ha sufrido mucha culpa. Tiende a guardarse todo adentro[...] Ha sido una fuente de consuelo para mí y nuestra relación parece estar creciendo en unidad en medio de todo esto.

A pesar del pozo ciego en el que se encontraba metida, esta mujer se dio cuenta que era AFORTUNADA porque tenía la posibilidad de aferrarse a su esposo. Muchas otras mujeres anhelan ese tipo de apoyo. Y las que escriben las cartas más punzantes suelen ser esposas de pastores.

Desechos del techo

**Nuestro amor está creciendo,
de modo que no me molesta regarlo
ocasionalmente con algunas lágrimas.**
Ashleigh Brilliant
Disparo #453, © 1974

Cuando la pieza del rompecabezas no encaja

A los hombres, en especial los que trabajan en rubros como medicina, mecánica o ingeniería, les agrada tratar con las cosas que puedan *arreglarse*. Para ellos, alguna cosa que está rota es como un rompecabezas... de entrada parece abrumadora, pero al final todas las piezas encajan.

Cuando los padres tienen un hijo que NO PUEDE o NO QUIERE encajar en el rompecabezas, los padres quedan azorados. No pueden lidiar con el hecho de no poder arreglar algo que obviamente se ha roto.

Al fin y al cabo, *siempre* han podido arreglar cosas... hasta ahora. Los papás recuerdan con cariño esos días instructivos cuando el niño era pequeño y se metía en dificultades (por algún motivo que ahora parece una pequeñez). La mamá llevaba marchando al pequeñín hasta donde se encontraba su papá y decía: «¡Ya estoy harta! ¡Es todo *tuyo*!» Luego el papá se encargaba de dar la paliza o la disciplina que hiciese falta y todo quedaba solucionado. En su sermón tal vez utilizaba alguno de estos famosos dichos paternos:

• Más te vale cambiar esa tonadita rapidito o verás lo que te pasa. • Lo digo en serio. ¿Entendiste? • No agites la cabeza, háblame. A tu cabeza no la puedo escuchar. • No murmures. • Te comportas como si el mundo te debiese algo. Eres rencoroso. • Vestido de esa manera no irás a ninguna parte. Estás loco si piensas que lo harás. • No sé lo que te pasa. Nunca vi un muchacho como tú. Yo no era así. • ¿Qué clase de ejemplo le das a tus hermanos? • Siéntate erguido. No dejes caer los hombros. • ¿Quieres que te dé una paliza? Si es eso lo que quieres, dímelo ahora, así le ponemos fin al asunto. • Yo soy tu madre y mientras vivas en mi casa harás lo que diga. • ¿Acaso piensas que las reglas no se aplican a ti? Estoy aquí para aclararte que sí. • ¿Acaso eres ciego? Mira bien lo que haces. Andas dando vueltas como zombi. • Más te vale que algo cambie y que cambie rápidamente. Como van las cosas, impulsarás a tu madre a una sepultura precoz. • Esta es unas vacaciones en familia. Te divertirás ya sea que TE guste o no. • Debes asumir responsabilidad. Debes llevar la carga que te corresponde. No esperes que otras personas acomoden lo que dejas desordenado, y no me pidas dinero. • ¿Acaso piensas que soy una fábrica de dinero? ¿Piensas que tengo un árbol que produce dinero? • Más te vale que te despiertes, y lo digo en serio. • Te hemos dado todo lo que hemos podido: comida en la mesa, un techo que te cubre, cosas que nunca tuvimos a tu edad. • Nos tratas como si no existiésemos. • Esa excusa no vale. Si él se arrojase desde un barranco, ¿acaso lo harías tú también? • Estás en penitencia. • Esto no lo soportaré ni un minuto más. Estás loco si piensas que lo seguiré soportando. Si así lo piensas, pruébame. • No me mires así. • Mírame cuando te hablo. • ¡No me obligues a repetirlo![4]

Cuando un hijo viene a casa y dice: «Papá, soy homosexual», el esposo desea que sea *su* turno en ese fregadero mágico donde los padres tratan de lavarse las manos deshaciéndose así del hijo. Pero no existe tal cosa porque:

Es posible tener una ex esposa
o un ex esposo,
pero jamás se puede tener un ex hijo.

Siempre habrá un vacío en el corazón de cada padre que tenga la forma de su hijo. No hay nada más que pueda llenar ese vacío. Pero a la vez que el corazón sigue amando, la cabeza debe reconocer también esa verdad de la vida que me comunicara hace tanto tiempo el Dr. Wells, la cual no dejo de repetir a mí misma... y a cualquier padre herido que conozco:

Donde no hay control
no hay responsabilidad.

Alguien me mandó una declaración de un artículo no identificado que refuerza este principio de manera bien magnífica: «Como padres de un hijo homosexual, sentimos la culpa acostumbrada y nos preguntamos qué hicimos mal nosotros [o nuestro hijo]. Pero aprendimos que nuestra única responsabilidad era aceptarlo y amarlo como hijo de Dios. Aprendimos que Dios nos acepta con todas nuestras debilidades y verrugas».

La mujer que me mandó esta cita agregó: «Por cierto que eso es algo que puedo hacer por mi hija. La puedo amar y aceptar como hija de Dios. Y eso es prácticamente lo *único* que puedo hacer en este momento, pero es un buen comienzo».

Reconozcámoslo: Algunas cosas no pueden ARREGLARSE. Sólo pueden SOPORTARSE. Y, por supuesto, una de mis maneras preferidas de soportar cualquier situación difícil es reírme de ella. En una charla que di hace poco hablé acerca del hecho de que los hombres deben soportar esta frustración cuando no tienen la capacidad de arreglar algo. Más tarde, una amiga me contó una historia acerca de una VERDADERA frustración de una pareja:

El esposo y la esposa se retrasaron un lunes por la mañana y corrían con frenesí para vestirse cuando el cierre en la espalda del vestido de la esposa quedó completamente trabado. Ella forcejó con el fin de liberarlo, pero el vestido era de esos de estilo angosto y ajustado, y por más que lo intentase, no lograba asirse del cierre con la firmeza necesaria para destrabarlo.

Pidió a su esposo que la ayudase y, con un suspiro de fastidio, corrió hasta donde estaba ella, agarró el cierre, le dio un fuerte tirón... ¡y le rompió la presilla! La mujer estaba furiosa. «¿Lo *rompiste*?», gritó ella, mientras se retorcía intentando verse la espalda en el espejo. «¡Este es mi vestido preferido y le has roto el cierre!»

Desafortunadamente, mientras el hombre trataba de ayudar con el cierre, su esposa se retorcía y daba vueltas con frenesí, intentando quitarse el vestido, y al pobre hombre le hacían cosquillas. ¡*Eso* no ayudó de manera alguna el asunto! Al final, la esposa se dio por vencida, abrió de un tirón una gaveta de la cómoda, sacó un par de tijeras y apuntó con ellas a su esposo con una gélida mirada fija.

El esposo primeramente pensó que tal vez pensaba atacarlo con el arma, pero en lugar de eso ella le ladró: «Tendrás que sacármelo a tijeretazos».

Rápidamente le quitó a cortes el vestido y la esposa salió corriendo a fin de encontrar otra cosa que pudiese ponerse, luego ambos se dirigieron al trabajo en direcciones opuestas, ambos en estado de frustración.

La esposa aún estaba fastidiada al regresar a casa esa noche y encontrar el auto de él estacionado en el garaje con un par de piernas de aspecto familiar, enfundadas en mezclilla que se asomaban por debajo del mismo. Cuando pensó en su vestido arruinado, de momento consideró la posibilidad de patear esas largas piernas que se asomaban desde abajo del automóvil. Luego se le ocurrió una idea mejor. Se inclinó, agarró la presilla del cierre del pantalón de él, y rudamente bajó y subió el cierre una media docena de veces.

Secretamente *disfrutó* de escuchar cómo se golpeaba la cabeza contra el eje del auto y gritaba alarmado al reaccionar con terror estupefacto. Sonriendo con satisfacción, entró a la casa... y quedó ATÓNITA al ver a *su esposo* de pie en la cocina, preparando la cena.

—¿Qué haces AQUÍ? —dijo con voz quebrada.

—Te estoy preparando tu comida preferida. Pensé que sería una buena manera de pedir disculpas —dijo con dulzura.

—¿Qui-qui-quién es ese que está allí en el garaje debajo de tu auto? —logró decir tartamudeando.

—Ah, ese es nuestra nuevo vecino. Vino para darme una mano con la trasmisión.

Desechos del techo

Primero, los hombres se olvidan de los nombres.
Después se olvidan de las caras.
A continuación se olvidan de subirse el cierre.
¡Y luego se olvidan de bajarse el cierre![5]

Caliéntate a la luz que aparece al final del túnel

Si eres como muchos padres, con gusto te someterías a que te sacasen «a tijeretazos» de tu situación problemática... si eso sirviera para arreglar las cosas. En lugar de eso necesitas encontrar a alguien que pueda despegarte del techo CON DELICADEZA. Vuélvete al Señor, «aférrate nuevamente con tus manos cansadas, afírmate sobre tus piernas flojas»[6]... ¡y ríe!

No te aísles de tus amigos ni de los miembros de tu familia. El consejo que suelo dar a padres es:

¡LA SINCERIDAD ES A LA SANIDAD LO QUE LA ENFERMEDAD ES A LOS SECRETOS!

El aislamiento es lo que más hunde a los padres, en especial a las madres, pero no es necesario que suframos a solas. Primeramente, debemos tener en mente que el crecimiento duele, pero que el sufrimiento sí produce firmeza en nuestro carácter. Pienso en esto cuando recuerdo el hijo de cuarenta y seis años de mi amiga que tiene esclerosis múltiple. ¡Una parte de su tratamiento es que lo PIQUEN las abejas! ¡En el transcurso del último año ha debido soportar seis mil picaduras!

MOTHER GOOSE AND GRIMM por Mike Peters

LA TAREA DE LA SRA. NOÉ EN EL ARCA

Impreso con permiso: Tribune Media Services. © 1995.

Pero el sufrimiento causado por las picaduras lentamente ha ido mejorando su estado general. Según dice su madre: «No abandonará las picaduras y estoy segura de que le están haciendo mucho bien».

Debiéramos mirar el dolor inevitable que llena nuestras vidas de la manera que consideraba este valiente joven las picaduras de abeja: un medio de crecimiento. A esto es a lo que Santiago nos insta a hacer cuando escribió que debíamos tener «por sumo gozo» cuando nos hallemos en «diversas pruebas».[7]

Apóyate en Jesús

Lo más importante, al pasar por estas pruebas debemos correr la cortina del aislamiento y darnos cuenta que NO estamos solos... ¡JAMÁS! Cuando tengas la sensación de estar tan lejos que nadie puede comprender el tormento, recuerda la promesa que Dios le hizo a Isaías... y a todos sus hijos en todos los siglos desde aquel entonces:

> No temas, porque yo estoy contigo;
>   no desmayes, porque yo soy tu Dios que te esfuerzo;
> siempre te ayudaré, siempre te sustentaré
>   con la diestra de mi justicia.[8]

Debemos seguir repitiendo esta promesa hasta que *impregne* totalmente nuestros espíritus. Una mujer dijo que ella y su esposo lo logran pegando a la puerta del refrigerador una variedad de alentadoras «tarjetas bíblicas» de versículos como Isaías 41.10. Ella dijo: «Cuando nuestros hijos nos dicen cosas que desearíamos no saber, nos dirigimos a la puerta de nuestro refrigerador y volvemos a leer los recordatorios de que nuestros hijos pertenecen a Dios y que siempre le han pertenecido... Él controla el destino de ellos».

Me provoca una risita imaginarme a estos dos padres atontados, tropezando como zombis en su camino hacia el refrigerador después que sientan el golpe de otra revelación más de sus hijos. Espero que uno de los versículos que hayan puesto a la vista sea 2 Crónicas 15.7: «Esforzaos vosotros, y no desfallezcan vuestras manos, pues hay recompensa para vuestra obra».

Los hombres tiene tres estilos básicos de peinado:
    Con raya.
    Sin raya.
    Sin pelo.

Cuando el hombre envejece, el cabello se torna gris.
Después se le cae.

No TE entiendo.
No ME entiendes.
¿Qué más tenemos en común?
Ashleigh Brilliant
Disparo #208, © 1970

Es posible que el gallo cante,
pero la gallina es la que entrega la mercadería.

La sabiduría no necesariamente se presenta con la edad.
A veces la edad se presenta completamente a solas.[9]

Ningún hombre es demasiado grande para ser bondadoso,
pero muchos hombres son demasiado pequeños.[10]

Jamás comprendes lo feliz que era tu matrimonio
hasta que vuelven a casa los hijos...
y para entonces es demasiado tarde.

Cómo decirle a tu esposo que lo amas: Cuando el
césped crece hasta estar tupido y alto, forma las palabras «Te amo» con la cortadora de césped.[11]

La hora más oscura siempre precede al amanecer.
De modo que si piensas hurtar el periódico del vecino, ¡ese es el momento para hacerlo![12]

Cartel visto en un negocio de pintura y empapelado:

«Los esposos que estén eligiendo colores deberán tener una nota por escrito de sus esposas».

Si Dios verdaderamente piensa ayudarme con mis problemas...
¡Le espera un día muy agitado!

Ashleigh Brilliant
Disparo #3740 © 1985

Cartel colocado en el tablero de noticias de un almacén:
SE VENDE:
JUEGO COMPLETO DE ENCICLOPEDIA
BRITÁNICA. Excelente estado. Ya no hace falta.
Esposa sabe todo.

Un esposo es un diplomático que recuerda el cumpleaños de su esposa, pero no su edad.[13]

P: ¿Cuál es la gran diferencia entre bonos del gobierno y un hombre?
R: Los bonos maduran.[14]

El hombre que se niega a reconocer sus errores,
jamás podrá triunfar; pero si los confiesa y los
corrige, tendrá una nueva oportunidad.[15]

No, Peggy Lee, ¡allí NO se acaba todo!

¡Vivimos en modalidad de preparación para el palacio!

*U*nos meses atrás casi al final de un programa televisivo de debate de dos horas de duración que realizaba en Chicago. Al cabo de dos horas, había mostrado todas mis ayudas visuales y había dicho todo lo que tenía para decir. Al marcar el reloj los instantes finales dejé escapar un suspiro de alivio y cuando sólo restaban dos minutos el conductor del programa dijo: «Y ahora Bárbara dará una palabra de aliento a los DOS MILLO-NES de personas que miran este programa».

Miré a mi alrededor y luego me di cuenta que se refería a MÍ. De repente las luces se volvieron cegadoras, la cámara tomó un acercamiento de mí, el conductor sonreía de manera entusiasta, ¡y se suponía que DIESE UNA PALABRA DE ALIENTO! Lo que DESEABA decir era: «¡Gracias al cielo que se acabó», pero ESO no era de mucho aliento!»

Estaba tan sorprendida que ni me venía a la mente mi nombre, mucho menos Juan 3.16. ¿YO? ¿AHORA? *Dar una palabra de ALIENTO A DOS MILLONES DE PERSONAS?*

Sí, me quedaba UNA ayuda visual que no había usado. Era un pequeño cartel que alguien me entregó, pero ese día no era lo más apropiado. Impulsivamente, lo levanté y lo apunté hacia las cámaras:

LA VIDA ES DURA
Y LUEGO TE MUERES.

El conductor del programa me miró como si hubiera perdido completamente cualquier resto de cordura que me quedaba... de modo que pronto tragué otra bocanada de aire y expliqué: «La vida ES dura. Hay pecado, SIDA, divorcio, enfermedad... pero después morimos y vamos a estar con Jesús». Seguí hablando acerca de cuánto brilla el futuro para nosotros como cristianos porque se nos promete un maravilloso hogar celestial donde no habrá más enfermedad ni desdicha de ningún tipo.

Al acabar el programa, se iluminaron los paneles del conmutador telefónico a causa de las llamadas recibidas de personas que querían hablar con la dama «que piensa que es tan maravilloso morir». No es que lo sea, pero es la ÚNICA manera de salir de aquí... excepto que Él vuelva a buscarnos.

Mi nietecita dice que debería decir: «La vida es dura y luego nos morimos y *nos toca ir al cielo*». Se parece a los dos pavos que hablaban de su filosofía de la vida a mediados de noviembre.* Uno de ellos dijo al otro: «Para mí, el Día de Acción de Gracias es el día DESPUÉS del día festivo». Así será para nosotros (pero a la inversa). Nuestra celebración ocurrirá DESPUÉS de morir porque nuestra partida final AQUÍ marcará nuestra entrada más triunfal ALLÍ». Recuerda:

> La muerte no es la extinción de la luz...
> Es apagar la lámpara porque ha llegado el amanecer.

Los cristianos *conocen* la respuesta a esa canción que solía cantar de manera tan punzante Peggy Lee: «¿Se acaba todo allí?» [Is that all there is?] Hace poco, en mi automóvil, escuché otra canción que expresa la confianza alentadora que nos motiva: «Cuando dejen caer en tierra estos huesos, estaré

---

* N. del T.: A fines de noviembre se festeja en EE. UU. el Día de Acción de Gracias, donde tradicionalmente se come pavo.

viviendo en el más allá, así es, estaré viviendo, estaré danzando, estaré alabando en el más allá».[1]

El Salmo 90.10 dice que nuestras vidas duran «setenta años», y que pronto pasan «y volamos».[2] ¡De aquí nos vamos! Vi un cartel de una iglesia que decía: ¿LE INTERESA IR AL CIELO? ¡PRESENTE AQUÍ SU SOLICITUD PARA CLASES DE VUELO! ¡Esos somos nosotros! Pronto pondremos en práctica lo que se nos ha enseñado a esperar. Me gusta llamar

RALPH por Wayne Stayskal

«¡QUE UNO TENGA LLAMADA EN ESPERA NO SIGNIFICA QUE DEBA ESPERAR UNA LLAMADA!»

a esta preparación «Práctica para el Rapto». Creo que debiéramos salir al jardín de atrás de la casa y practicar para el Rapto, ese momento en que nos encontraremos con Jesús en el aire cuando Él vuelva. Una vez dije esto en una reunión y se me acercó una ancianita para preguntarme: «Cuando usted hace su práctica para el Rapto, ¿lo hace en el suelo o en una cama elástica?»

No importa dónde estemos cuando ocurra, un día de estos Dios hará SONAR la trompeta y de aquí nos va a DISPARAR. ¡Casi no puedo esperar!

Recientemente estaba diciendo a otros esa frase de «sonar y disparar», y un joven de increíble sentido del humor que había escuchado con anterioridad mi charla, ¡tenía pensado levantarse para hacer sonar una trompeta en el momento que decía «sonar y disparar»! ¡Me alegro que no lo haya hecho! Si lo hubiese hecho, ¡no hubiese precisado una cama elástica para mi lanzamiento al cielo!

Sabiendo cuánto me agrada esta frase, algunas personas finalizan las cartas que me mandan con cierres ocurrentes que me recuerdan lo que ha de venir. Una terminó así: «¡Aguardando la exclamación de Dios!», y otra escribió: «¡Hasta que Él venga o yo vaya!» Una mujer acabó su carta diciendo: «¡Que las campanas de alegría del cielo cada día hagan din don en tu corazón!» ¿Acaso esos finales no te recuerdan que somos PERSONAS DE PASCUA viviendo en un MUNDO DE VIERNES SANTO?

Hay una maravillosa y antigua canción que dice: «Levantad vuestras cabezas[...] cansados peregrinos[...] porque vuestra redención se acerca». Aquí SOMOS peregrinos; no somos colonizadores. Sólo estamos de paso por este mundo, así que debemos aprender a sostener de manera FLOJA todo lo que está aquí porque pronto nos iremos. ¡Nada podemos llevarnos, pero por cierto que podemos enviarlo de antemano!

Crecí en una casa donde colgaba en la pared del comedor una placa que decía: «Sólo una vida tenemos y esta pronto pasará. Sólo lo que hagamos para Cristo, permanecerá». ¡Cuánta verdad! Durante nuestro tiempo en la tierra, nos preparamos para nuestra vida en el cielo. Eso significa que vivimos en:

¡MODALIDAD DE PREPARACIÓN
PARA EL PALACIO!

En otras palabras:

> Si te interesa el más allá,
> recuerda que lo de ACÁ determina lo de ALLÁ.

Recibí una tarjeta que tenía en el frente un cuadro de una bella mansión. Adentro mi amiga había escrito: «Esta es la mansión que he solicitado para el cielo[...] y espero que la tuya esté junto a la mía». ¡Coloqué en un marco ese cuadro y lo tengo en mi Cuarto de gozo donde lo veo todos los días y pienso en lo maravilloso que será vivir en nuestros palacios celestiales teniendo a Jesús por vecino! Ese será el día, según dice otro verso, que quedaremos «Envueltos en las nubes[...] Bendita confianza, contigo por la eternidad».[3]

Cuán vital resulta que mantengamos rebosantes nuestros corazones de anhelo del cielo, porque actualmente nos toca vivir en el «desagradable aquí y ahora» en lugar del «dulce más allá». Según dice Romanos 8.18: «Las aflicciones del tiempo presente no son comparables con la gloria venidera que en nosotros ha de manifestarse» (Reina-Valera). En otras palabras, ¡los deleites del cielo superarán ampliamente las dificultades de la tierra! Y uno de esos deleites será ver que:

> ¡El azul del cielo es más grande que las nubes!

Cuánta riqueza tendremos en el cielo para poseer, según dice la antigua canción: una mansión, un arpa y una corona. Y lo mejor de todo, ¡tendremos a Jesús! La muerte no es algo que deba temerse. En lugar de eso, según dijo un comediante: «La muerte es la forma que tiene Dios de decir: "Tu mesa está servida"». Cuando perdemos seres queridos, si conocen al Señor, no se han ido. Sólo han llegado a la gloria *antes que nosotros*.

Lo que me recuerda esta esperanza de manera más patente es el memorándum que aparece en la página siguiente. Lo he copiado y lo he colgado en cada habitación de mi casa e incluso en mi automóvil para verlo dondequiera que vaya.

Una de las mejores maneras que conozco de infundirte

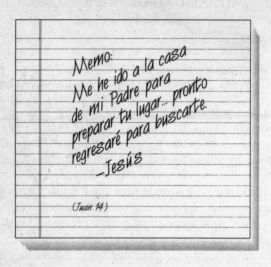

Memo:
Me he ido a la casa de mi Padre para preparar tu lugar... pronto regresaré para buscarte.
—Jesús

(Juan 14)

gozo es mediante Romanos 15.13: «Que el Dios de la esperanza los llene de toda ALEGRÍA y paz al confiar ustedes en Él, para que rebosen de ESPERANZA» (NVI, énfasis agregado).

¿Y sabes para qué necesitamos alegría y esperanza?

Aquí en la tierra, el dolor es inevitable, ¡pero Jesús nos ofrece PAZ ETERNA cuando vivamos en el cielo con Él! Cuando habitemos en nuestros hogares celestiales, jamás tendremos motivo alguno de preocupación. ¿Te lo imaginas? Y piensa en todas las demás cosas que hacemos en la tierra que NUNCA haremos en el cielo:

En la tierra, has pasado por una hermosa colina marcada de lápidas blancas y banderas que flamean. Pero en el cielo no habrá muerte, ni cementerios.

Cada día en la tierra, mueves un interruptor para prender una luz... pero nunca lo harás en el cielo. ¡Allí no habrá oscuridad! (véase Apocalipsis 21.25).

En el cielo jamás verás a un anciano. Por cierto que AHORA todos pasamos por esa etapa que ocurre entre el estrógeno y la muerte (o, como me gusta decir, entre *Laguna Azul* y *Laguna Dorada*). Nuestro pecado nos arruga, nuestra energía mengua, nuestras mentes se van,[4] ¡pero en el cielo NO HABRÁ ANCIA-

NOS! Todos tendremos cuerpos nuevos e incorruptibles que son gloriosos y eternos. ¡Qué deleite habrá de ser ESO!

En la tierra, siendo un padre fracturado, probablemente hayas derramado muchas lágrimas. Esa es una de las maneras en que liberamos nuestro dolor que surge de toda la desdicha que abunda en el mundo. Pero en el cielo, Dios enjugará todas las lágrimas de nuestros ojos. No habrá más tristeza ni llanto.[5]

En la tierra probablemente te ha tocado tomar alguna medicina. Los medicamentos nos ayudan con nuestras debilidades, pero en el cielo no habrá farmacias porque no habrá enfermedad ni dolor. ¡Acaso eso no te produce ganas de ir a casa al cielo!

¿Puedes comprender ahora por qué mi mensaje más fuerte de aliento es «¡La vida es dura, y luego te mueres!»? ¡Porque más adelante nos aguarda tal gloria, tal amor, tal abundancia de gracia, tal riqueza!

Y a pesar de que nuestro gozo mayor vendrá cuando seamos residentes eternos del reino celestial, los cristianos SÍ tienen riquezas en la tierra también. Disfrutamos del «anticipo» que nos da Dios de las riquezas que nos promete en la eternidad. Si piensas que te han eliminado de la lista de distribución de las riquezas del aquí y ahora, considera este cuentecito acerca de un asesor de impuestos que vino a ver a un pobre pastor, tratando de determinar la cantidad de impuestos que debería pagar.

—¿Qué propiedades posee? —preguntó el asesor.

—Soy rico —respondió el pastor.

—Enumere sus posesiones, por favor —instruyó el asesor.

—Primeramente, tengo vida eterna —(Juan 3.16).

»En segundo lugar, tengo una mansión en los cielos —(Juan 14.2).

»En tercer lugar, tengo paz que sobrepasa todo entendimiento —(Filipenses 4.7).

»En cuarto lugar, tengo gozo inefable —(1 Pedro 1.8).

»En quinto lugar, tengo amor divino que nunca se apaga —(1 Corintios 13.8).

»En sexto lugar, tengo una esposa fiel y piadosa —(Proverbios 31.10).

»En séptimo lugar, tengo hijos sanos, felices y obedientes —(Éxodo 20.12).

»En octavo lugar, tengo amigos de verdad que son leales —(Proverbios 18.24).

»En noveno lugar, tengo cánticos en la noche —(Salmo 42.8).

»En décimo lugar, tengo una corona de vida —(Santiago 1.12).

»En decimoprimer lugar, tengo un Salvador, Jesucristo, que me suple todo lo que necesito —(Filipenses 4.19).

El asesor de impuestos cerró su libro y dijo:

—Ciertamente es usted un hombre muy rico, pero su propiedad no está sujeta a réditos.[6]

Verdaderamente, SOMOS personas muy ricas. Es cierto que quebrantaron nuestros corazones y nuestras mentes pasaron por la exprimidora, pero siendo cristianos tenemos una riqueza increíble, que se adquirió para nosotros a un precio inimaginable. ¿Cómo debemos administrar esa riqueza? Debemos vivir gozosamente, comunicando las buenas noticias dondequiera que vayamos. Me encanta ese versito que dice: «Dos ojos tengo para ver a Dios, dos manos juntas para orar, dos pies a la iglesia me llevarán, ¡UN MILLONARIO SOY!»

Se ha dicho que el gozo es el estandarte que haces flamear cuando el Príncipe de Paz reside en tu corazón. ¡Nuestra responsabilidad como cristianos es ser contagiosos! He aquí algunas sugerencias para desparramar tu gozo:

- Pide al Espíritu Santo que te llene de su gozo. La alegría depende de lo que sucede a nuestro alrededor, pero el verdadero GOZO del Espíritu Santo proviene de ese profundo espíritu que bulle en nosotros y nos capacita para encontrar gozo a pesar de lo que nos suceda.

- Escucha cintas grabadas y lee libros y artículos que te levanten el ánimo.

- Esparce tu gozo por el correo. Escribe a algunos amigos que sean pobres de gozo e incluye algunas caricaturas o recortes cómicos. Cuéntales noticias gozosas. Brinda a otros sinceros elogios y cálido aliento. Recuerda que al *alentar*, «llenas el corazón». Dedica el tiempo necesario para llenar el corazón de otro y verás que esa bondad te volverá como bumerán

para llenar tu propio corazón. ¡Allá afuera hay muchos corazones *aplastados*!

- Busca algunos amigos que sean dadores de gozo y permíteles
que refresquen tu abatido espíritu.

- ¡Finalmente, sé un cristiano feliz! ¡Conviértete en un germen
de gozo e infecta a todos los que te rodean!

- ¿Necesitas algo de aliento? Aquí va (otra vez):

**LA VIDA ES DURA, LUEGO TE MUERES...
¡TE TOCA ESTAR EN EL CIELO!**

Levántate de las tristezas, caliéntate al amor de Dios y
ENFÓCATE EN JESÚS. No es difícil. Sólo usa tu imaginación.

Imagina...
que apoyas el pie en la ribera
    y descubres que es el cielo;
tomas de una mano
    que es la de Dios;
aire nuevo
    que es aire celestial;
sientes vigorizado
    que es la inmortalidad;
de tormenta y tempestad
    a una calma desconocida;
que te despierta y ¡descubres que has llegado a Casa![7]

¡Hasta que la trompeta suene y yo dispare!

¡Gozo!

—Barbarita

Notas

Capítulo 1. La verdad te librará... pero antes te producirá desdicha

1. Jeff Rovin, *1001 Great One-Liners* [1001 fantásticas frases breves], Signet, New York, 1989, p. 75.

2. Bill Cosby, *Fatherhood* [Paternidad], Berkley/Doubleday, New York, 1986, p. 61.

3. En su tira de caricaturas «Marvin», a Tom Armstrong se le ocurrió este título adaptado del éxito de librería de John Gray, *Men Are from Mars, Women Are from Venus* [Los hombres son de Marte, las mujeres son de Venus].

4. Frase adaptada por Myrna Neims, Gainesville, Florida, publicado en *Laughing Matters* [Asuntos de risa] 9, no. 1, 27.

5. Darlyne J. Erickson, ed., *The Exchange*, Cathedral Press, Long Prairie, Minn., p. 4.

6. Adaptado de *The Laughter Prescription* [Receta para la risa], verano de 1994, p. 4.

7. Adaptado de *Nurses for Laughter*; enviado por una amiga de Ministerios Espátula.

8. Gracias a autora independiente, Sherrie Weaver, Denver, Colorado, por enviarnos este dicho ingenioso.

9. Enviado por una amiga de Ministerios Espátula.

10. 2 Timoteo 1.7.

Capítulo 2. He aprendido a aceptar el nacimiento y la muerte, ¡pero a veces me preocupa lo que está entre los dos!

1. Mateo 28.20.

2. Salmo 34.19.

3. Mateo 26.38.

4. Wiley McGhee, *Moments with God* [Momentos con Dios], publicación propia, Puxico, MO, 1993.

5. Job 8.21; 13.15.

6. Adaptado de H. Jackson Brown Jr., *Live and Learn and Pass It On* [Vive, aprende y trasmítelo a otros], vol. 2, Rutledge Hill, Nashville, 1995, p. 46.

7. H. Jackson Brown Jr., *Live and Learn and Pass It On*, vol. 3, Rutledge Hill, Nashville, 1995, según cita de *Selecciones del Reader's Digest*, junio de 1995.

8. Esta «nota» se ha adaptado de Tim Brennan, «Simple Pleasures Are Best» [Los placeres simples son los mejores], *St. Petersburg Times*, 26 de setiembre de 1995, 4G.

9. Carol Burnett, según cita de Patty Wooten, R.N., ed., *Heart, Humor, and Healing* [Corazón, humor y sanidad], Commune-a-Key Publishing, Mt. Shasta, CA, 1994.

10. Charlene Ann Baumbich, *Mama Said There'd Be Days Like This, But She Never Said Just How Many* [Mamá dijo que habría días como este, solo que no aclaró cuántos], Servant, Ann Arbor, MI, 1994. Usado con permiso.

11. Véanse Filipenses 4.8 y Romanos 12.2.

12. Gracias a Roger Shouse, Greenwood Church of Christ, Greenwood, Indiana, por contar esta historia.

13. El Rvdo. Dale Turner, según cita del *Seattle Times*.

14. Patty Wooten, R.N., *Heart, Humor, and Healing*, Commune-a-Key, Mount Shasta, CA, 1994.

15. Adaptado de Brown, *Live and Learn and Pass It On*, vol. 2, p. 156.

16. Bill Cosby, *Time Flies* [El tiempo vuela], Doubleday-Bantam, New York, 1987.

17. Corey J. Rose en *Friendly Exchange* [Intercambio amistoso], invierno de 1993.

18. Jean Van Dyke, ed., *Words to Live By: Positive Thoughts for Positive Living ... Wit and Wisdom from Rural America* [Palabras que marcan el rumbo de la vida: Pensamientos positivos para un estilo de vida positivo ... Ingenio y

sabiduría de Estados Unidos rural], *Farming* Magazine, Inc., Fort Atkinson, WI, 1990, p. 37.

19. Romanos 15.13

Capítulo 3. Empaca tus maletas. Saldremos a recorrer nuestras culpas

1. Helen Griggs, «Gone, Gone, Gone, Gone» [Ido, ido, ido, ido].

2. Salmo 32.1, Versión popular, énfasis mío.

3. Phil Kerr, «Sing and Smile and Pray» [Canta, sonríe y ora].

4. Daniel 12.3, parafraseado.

5. Mi Cuarto de gozo, que se describe detalladamente en el capítulo 5 de *Ponte una flor en el pelo y sé feliz*, se inició como una *Caja* de gozo en la que coleccionaba chistes, recortes, artefactos, tarjetas y otros elementos graciosos que me hacían reír. A la larga mi colección superó el tamaño de la caja más grande, así que Bill y yo agregamos un *Cuarto* de gozo de dieciocho por tres metros a nuestra casa móvil.

6. Salmo 145.14, Versión popular.

7. Hebreos 12.12-13, Versión popular.

8. Fred Allen, según cita de John y Anne Murphy en *The Laughter Prescription* [Receta para la risa], verano de 1994.

9. George Burns, *Wisdom of the 90s* [Sabiduría de los noventa], Putnam's Sons, New York, 1991.

10. «Words of Wisdom from Mr. Hooty» [Palabras de sabiduría del Sr. Hooty], *Pryor (Oklahoma) Herald*.

11. Caroline Schroeder, según cita en *Reminisce* [Reminiscencia], nov./dic. de 1992.

12. Bob Phillips, *Encyclopedia of Good Clean Jokes* [Enciclopedia de chistes buenos y sanos], Harvest House, Eugene, OR, 1992, p. 331.

13. Salmo 71.14.

Capítulo 4. Pensé que tenía la vida tomado por el mango, pero se desprendió

1. Helen Keller, según cita de Wooten en *Heart, Humor, and Healing*.

2. Erma Bombeck, según cita de Wooten en ídem.

3. Verdell Davis, *Riches Stored in Secret Places* [Riquezas guardadas en lugares secretos], Word, Dallas, 1994, pp. 7-8,13.

4. Jeremías 29.11, Biblia de las Américas.

5. William Ferris, *You Live and Learn, Then You Die and Forget It All!* [¡Vives y aprendes, luego te mueres y olvidas todo!], Doubleday, New York, 1992.

6. Los detalles de cómo me enteré de la homosexualidad de mi hijo están relatados en mis otros libros, incluyendo el capítulo 3 de *Ponte una flor en el pelo y sé feliz*.

7. Gracias a autora independiente, Sherrie Weaver, Denver, Colorado, por enviarnos esta frase ingeniosa.

8. Mis luchas hasta llegar finalmente a decir: «¡Haz lo que quieras, Señor!», y el alivio que sentí cuando finalmente llegué a ese punto se describen en el capítulo 3 de *Salpícame de gozo en los pozos ciegos de la vida*, Editorial Caribe, Miami, 1994. Al igual que la persona que escribió esta carta, muchos me han dicho que entregar sus hijos a Dios, diciendo «¡Haz lo que quieras, Señor!», ha sido el punto decisivo de su recuperación.

9. James Russell Lowell, según cita de *Reader's Digest*, abril 1995.

10. H. Jackson Brown, *Live and Learn and Pass It On*, vol. 3, según cita de *Reader's Digest*, junio 1995.

11. Magnetic Graffiti Company.

12. De The Exchange, enero-febrero-marzo 1994, p. 4.

13. Alice Steinback en el *Baltimore Sun*, según cita de *Reader's Digest*, noviembre 1993.

14. Enviado por una amiga de Ministerios Espátula.

15. Magnetic Graffiti.

16. Salmo 89.15, Versión popular.

Capítulo 5. Respuestas que no queríamos oír a preguntas que no queríamos formular

1. Para los detalles del accidente de Bill, véase capítulo 2 de *Ponte una flor en el pelo y sé feliz.*

2. Gracias a autora independiente, Sherrie Weaver, Denver Colorado, por enviar estos dichos ingeniosos.

3. Santiago 1.2-3.

4. Billy Graham, según cita del *Tampa Tribune*, 24 de abril de 1995.

5. Mateo 11.28.

6. Véase Juan 11.33-35.

7. Jeremías 29.11, Biblia de las Américas.

8. Isaías 43.2, Biblia de las Américas.

9. Véase Daniel 3.

10. Salmo 30.1-5, 11, Biblia de las Américas.

11. Filipenses 4.13.

12. Salmo 121.2, Biblia de las Américas.

13. James Dobson, *Frente a la vida*, Editorial Betania, Miami, FL, 1996, p. 205.

14. Proverbios 25.2.

15. Deuteronomio 29.29.

16. Eclesiastés 11.5.

17. Isaías 55.8-9.

18. Norma Barzman, «Best Years» [Los mejores años], *Los Ángeles Herald Examiner*, 6 de setiembre de 1989.

19. Henry Ward Beecher, según cita de Wooten, *Heart, Humor, and Healing*, p. 1.

20. Proverbios 17.22, Biblia de las Américas.

21. Proverbios 15.15, Versión popular, adaptado.

22. Adaptado de *Laughing Matters* [Asuntos de risa], editado por Joel Goodman, vol. 9, no. 2, 1993.

23. Adaptado de *Reader's Digest*, abril de 1995, 86.

24. De la columna «Action» [Acción] de Judy Garnatz Harriman en el *St. Petersburg (FL) Times*, 2 de abril de 1995. Copyright 1995, *St. Petersburg Times*. Algunos ítemes

fueron contribución de otros periódicos. Usado con permiso.

25. Phillips, *Encyclopedia of Good Clean Jokes*, p. 183.

26. Rovin, *1001 Great One-Liners*, p. 78.

27. Ibid., 27.

28. Virginia Satir, según cita de Jack Canfield y Mark Victor Hansen, *Chicken Soup for the Soul* [Sopa de pollo para el alma], Health Communications, Deerfield Beach, FL, 1993.

29. Eclesiastés 3.1,4, Biblia de las Américas.

Capítulo 6. ¡Aquí estoy con mi estrés sin saber a dónde ir!

1. Jane McAlister Pope, *Charlotte Observer*, impreso en el *Tampa Tribune*, 5 de agosto de 1995.

2. Helen Lowrie Marshall, «Answered Prayer» [Oración respondida], *Quiet Power* [Poder silencioso], Baker, n.d., Grand Rapids, distribuido por Marshall Enterprises. Usado con permiso del dueño del copyright, Warren Marshall, Marshall Enterprises, Littleton, Colorado.

3. Charles Swindoll, *Afirme sus valores*, Editorial Betania, 1987.

4. Good Housekeeping, septiembre 1995, p. 82.

5. Ibid.

6. Dietista Susan Mitchell, según cita de *Tampa Tribune*, 23 de febrero de 1995.

7. Apocalipsis 1.7.

8. «'Twas the Night Before Jesus Came» [Era la noche previa a la venida de Jesús], © 1985 Bethany Farms, Inc. Usado con permiso de Jeffrey Cummings, Bethany Farms, Inc., St. Charles, Missouri.

9. Rovin, *1001 Great One-Liners*, p. 134.

10. Proverbios 12.25, La Biblia al día.

11. 2 Timoteo 1.7, NVI.

12. Pat Hansen, Calendario Patprints 1994.

Capítulo 7. Eres la respuesta a varios problemas que ni sabía que tenía hasta conocerte

1. Proverbios 11.25, Biblia de las Américas.

2. Salmo 84.5-6, La Biblia al día.

3. Dr. Hunter Adams, según cita de Meladee McCarty y Hanock McCarty, *Acts of Kindness: How to Create a Kindness Revolution* [Actos de bondad: Cómo crear una revolución de bondad], Health Communications, Deerfield Beach, FL, 1994.

4. Job 22.30, Biblia de las Américas.

5. E.C. McKenzie, *14,000 Quips and Quotes for Writers and Speakers* [14.000 dichos y citas para autores y oradores], Greenwich House, n.d., New York.

6. Vera Robinson, R.N., Ed.D., en Patty Wooten, *Heart, Humor, and Healing*, p. 70.

7. Copiado de una tarjeta de saludo publicado por Portal Publications, San Francisco. Usado con permiso de Anthony Westling.

8. Brown, *Live and Learn and Pass It On*, vol. 3.

9. Véase esta historia en Juan 5.2-15. La pregunta de Jesús está en el versículo 6; el énfasis es mío.

10. McKenzie, *14,000 Quips and Quotes for Writers and Speakers*.

11. Mark Twain en *Pudd'nhead Wilson*, según cita de *The New International Dictionary of Quotations* [El nuevo diccionario internacional de citas], Hugh Rawson y Margaret Miner, comp., New American Library-Signet, New York, 1986.

12. Este poema de la difunta Pearl «Mama» Waddell se usa con permiso de su bisnieta, Shirley G. Boozer.

13. El Rvdo. Thomas J. Thompson, miembro del Subcomité de Salud/SIDA del Presbiterio de Tampa Bay, Florida, citado por el columnista Mike Wilson en el *St. Petersburg Times*, 22 de abril de 1995.

14. Dave Barry, *Stay Fit and Healthy Until You're Dead* [Conserva tu estado físico y tu salud hasta la muerte], ed. Roger Yepsen, Rodale, Emmaus, PA, 1985.

15. Gálatas 6.9-10.

Capítulo 8. Me gustaría vivir a ritmo acelerado, ¡pero estoy casada con un obstáculo de velocidad!

1. Mateo 12.34.

2. Adaptado de Dr. Richard R. Rubin, June Biermann y

Bárbara Toohey, *Psyching Out Diabetes, A Positive Approach to Your Negative Emotions* [Victoria mental sobre la diabetes, un abordaje positivo a tus emociones negativas], Lowell House, Los Ángeles, 1993. Impreso con permiso de RGA Publishing Group, Inc.

3. Virginia Valentine, RN, June Biermann y Bárbara Toohey, *Diabetes Type II and What to Do* [Diabetes tipo II y lo que se debe hacer], Lowell House, Los Ángeles, 1993. Impreso con permiso de RGA Publishing Group, Inc.

4. «Fifty Famous Parental Sayings» [Cincuenta dichos famosos de los padres], por el comediante Andy Andrews, autor del éxito de librería *Storms of Perfection* [Tormentas de perfección]. Usado con permiso de Robert D. Smith, First Image.

5. Old Age Is Not for Sissies [La vejez no es para cobardes], Lois Kaufman, comp., Peter Pauper Press, White Plains, NY, 1989.

6. Hebreos 12.12, La Biblia al día.

7. Santiago 1.2.

8. Isaías 41.10.

9. Tom Wilson, Universal Press Syndicate, según cita del *Reader's Digest*, abril 1995.

10. «Words of Wisdom from Mr. Hooty» [Palabras de sabiduría del Sr. Hooty], *Pryor (Okla.) Herald*.

11. Adaptado de idea 24: «Escríbelo», Stephen Arterburn y Carl Dreizler, *52 maneras de decir «te amo»*, Editorial Betania, Miami, FL, 1993, p. 77.

12. Calendario de Maxine de 1995, Shoebox Greetings, una división de Hallmark Cards, Inc.

13. Rovin, *1001 Great One-Liners*.

14. Duck Edwing, «Tribute Toon», *Tampa Tribune*, 15 de setiembre de 1995.

15. Proverbios 28.13, La Biblia al día.

Capítulo 9. No, Peggy Lee, ¡allí NO se acaba todo!

1. De «Buried Alive» [Enterrado vivo], © 1978 por Rich Cook. Usado con permiso.

2. Salmo 90.10.

3. Mabel Camp (1871-1937), «He Is Coming Again» [Él viene otra vez] © 1913; renovado 1941 por N.H. Camp. Alfred B. Smith, dueño.

4. Véase Eclesiastés 12.3-7.

5. Véase Apocalipsis 21.4.

6. Adaptado del *Kleinknecht Encyclopedia*.

7. Se desconoce el autor de esta bella poesía «Think» [Imagina]. La encontré en una tarjeta publicada por Missionary Servants of the Most Holy Trinity, Trinity Missions, Silver Springs, Maryland 20907.